融資上限は怖くない！

税制と収益不動産をフル活用した資産形成

アパートを「毎年」「現金」で買えるようになる！

穴澤勇人
ANAZAWA HAYATO

幻冬舎 MC

「中古１棟」
再生事例集

これまで私たちが手掛けてきた、
中古アパートや中古マンションの再生事例をご紹介します。

case 1

築40年以上の旧耐震RCマンションを3000万円かけてリフォーム　想定利回り45％を実現

物件概要

所在地：茨城県
物件種別：店舗併用マンション
構造・規模：鉄筋コンクリート造、地上4階建て
築年数：42年
土地面積：2481.79㎡
建物面積：1929.31㎡
リフォーム費用：約3000万円
リフォーム期間：約2カ月

〉〉〉Before

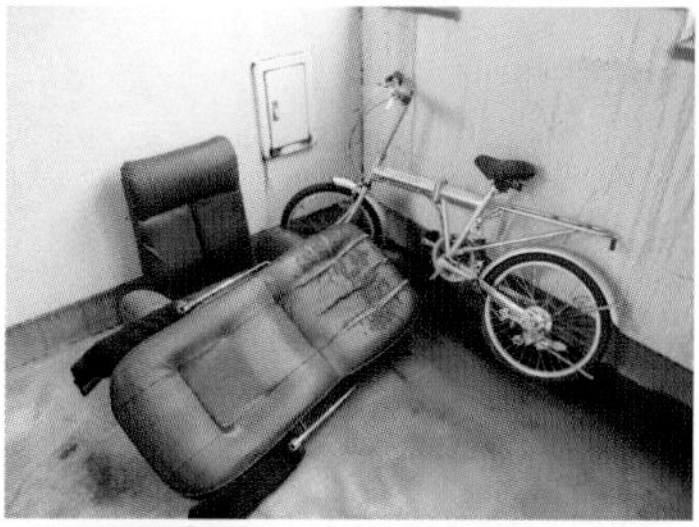

外壁を1回も塗っていないので雨だれと汚れがひどい。
敷地内の至るところに残置物があり、特に粗大ごみが顕著。

››› 工事中

リフォーム工事は、共用廊下の塗り作業から開始。適切な修繕工事が行われていなかったため、下地から相当傷んでおり、丁寧に施工。また、建物を復活させるには屋上や外壁の防水性の確保も急務だったため、塗装を主体に各所に手を入れていった。

〉〉〉 After

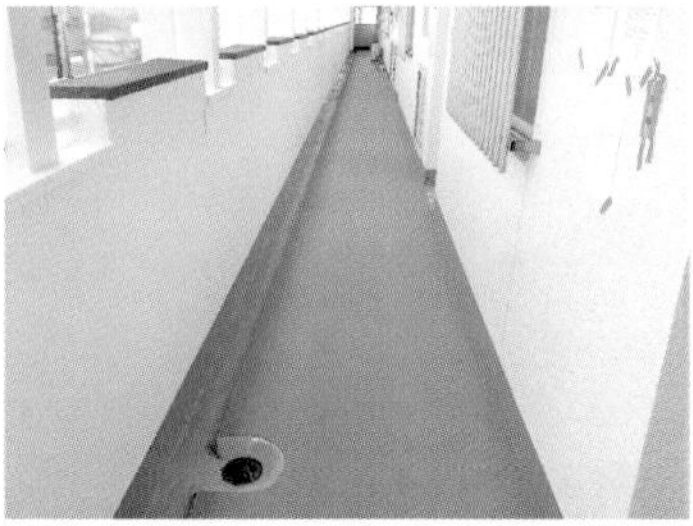

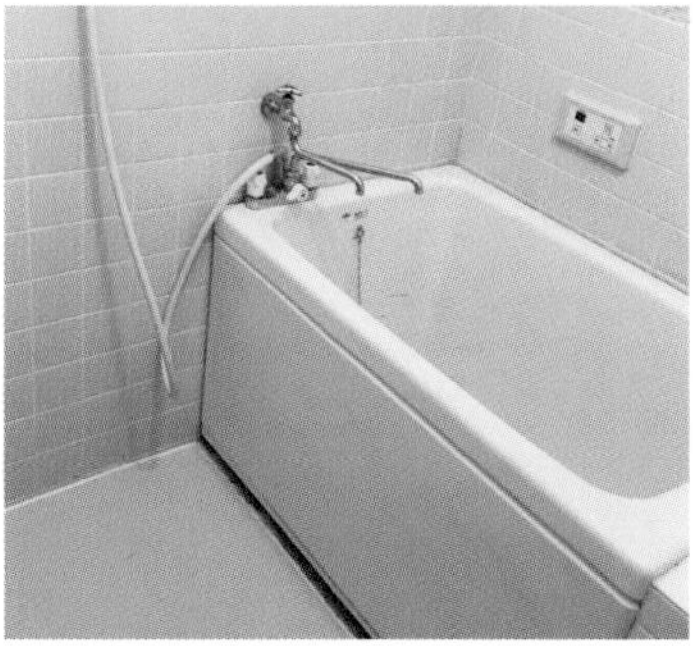

共用廊下は全塗装と長尺シートを敷設し、雰囲気の悪さを改善。内装についても大規模に設備刷新を実施。
築年数の古さを感じさせない内容となった。

case 2

取得時の入居率は０％ 先行募集により、リフォーム完了前に満室

物件概要

所在地：神奈川県横浜市保土ヶ谷区
物件種別：賃貸マンション（全12室）
構造・規模：鉄筋コンクリート造、地上３階建て
築年数：43年
リフォーム期間：約２カ月

〉〉〉 Before

〉〉〉工事中

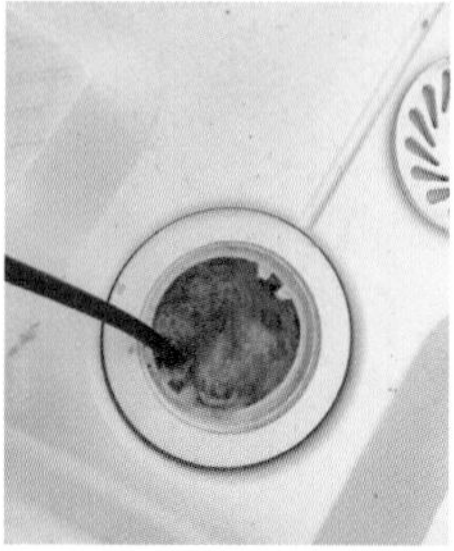

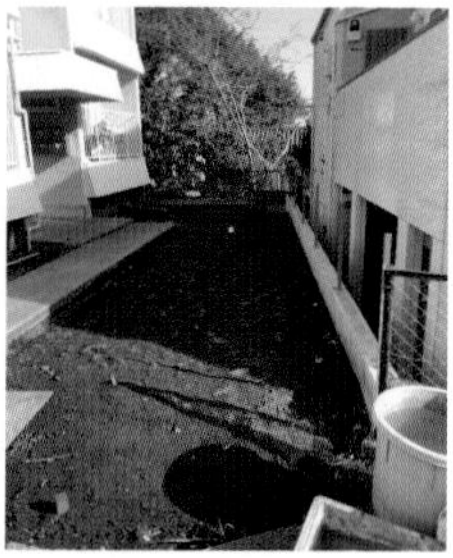

〈主な工事内容〉

- 外壁塗装
- 屋上防水
- 室内リフォーム（全12室）
- 配管高圧洗浄
- 雑草等の植栽伐採
- 共用廊下の長尺シート張り
- 共用部照明交換
- 駐輪場新設
- 駐車場ライン引き
- アスファルト舗装工事

費用はかかっても汚水桝の洗浄と部屋の配管はキレイにするのが再生の第一歩。
浴室リフォームを入れる前に、配管を洗浄。

〉〉〉 After

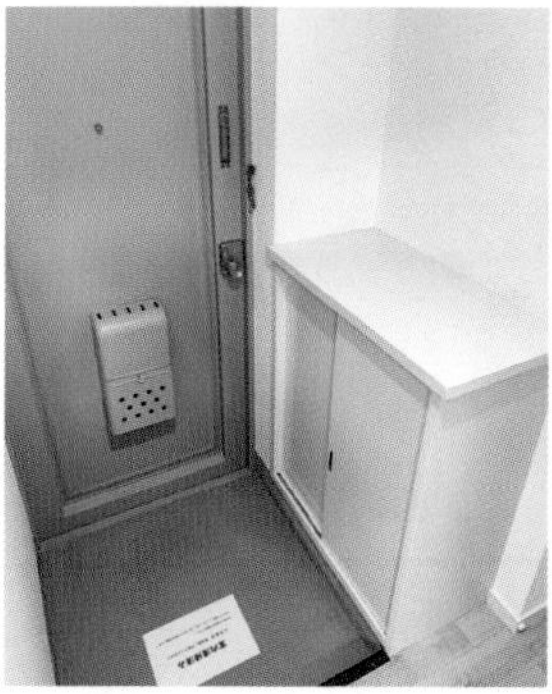

エアコン入れ替え、内装全面改修、水回りの多くを交換、といった大規模なリフォームを行って内装を一新。
先行リフォームアップの室内を公開・募集したところ、リフォーム完了前にすぐに12室が満室に。

case 3

屋根が大規模に損壊した物件（台風・落雷）

台風

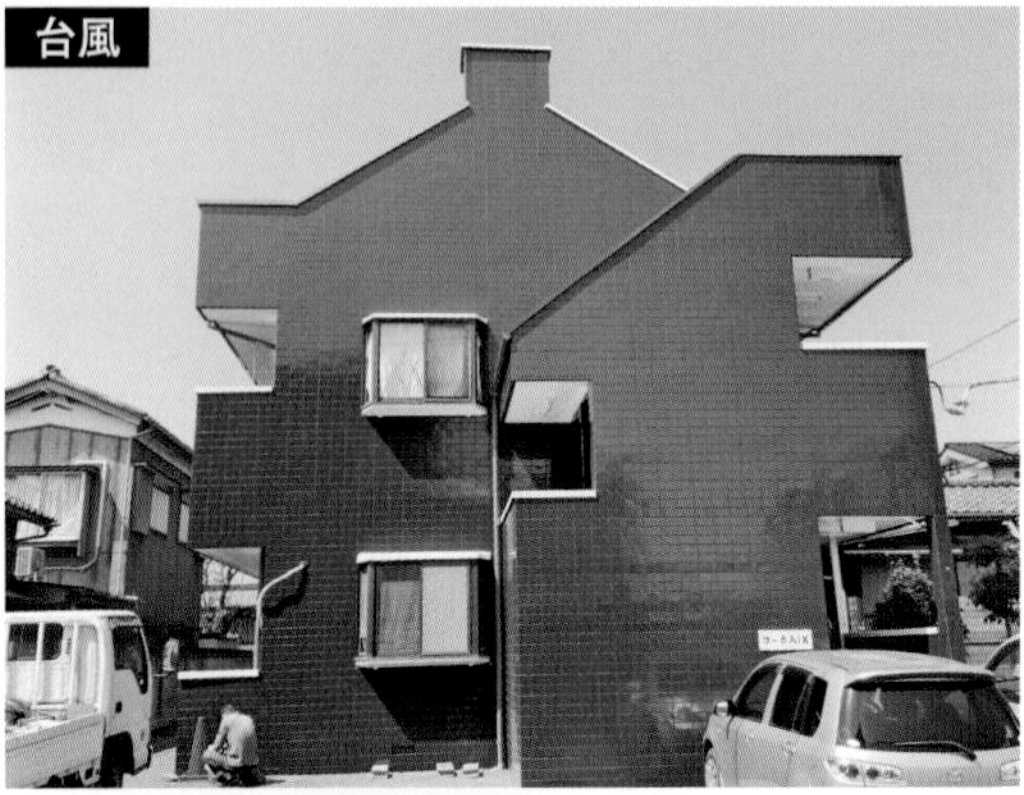

物件概要

所在地：埼玉県行田市
物件種別：アパート
構造・規模：鉄骨造スレート葺2階建て
築年数：33年
当社買取後、外壁塗装を実施

落雷

物件概要

所在地：神奈川県横浜市金沢区
物件種別：アパート
構造・規模：木造スレート葺2階建て
築年数：34年

被害後

台風　台風被害により屋根が吹き飛び、近隣まで散乱（人的な被害はなし）。
近隣住民が連絡してきてくれたことにより発覚。

落雷　大雨の際、落雷が屋根を直撃。
直下の部屋、および屋根裏からの染み出しで複数の部屋で雨漏り被害が発生。

〉〉〉 実際の作業風景・完了後

台風 屋根の葺き直しを行うのと同時に、もともと予定があった屋上防水工事も併せて実施。

落雷

落雷被害規模が甚大かつ、雨の予報だったため、応急的にビニールシートにて防水を実施。

〉〉〉実際の作業風景・完了後

台風　実際の破損個所以外にも、建物全体へ外壁塗装を実施。
築古感を一掃するとともに、建物全体の防水性も増した。

落雷

その後、葺き直しを行い、無事復旧が完了した。

case 4

下水トラブルが発生した現場

下水トラブルが重篤化した場合、原因調査・対応には、大規模な工事が必要になる場合も。

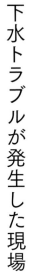

case 5

孤独死が発生した現場

>>> Before

>>> 工事中

孤独死の現場は、結局清掃し切れないことも珍しくない。内装を丸ごとやり直す。

>>> After

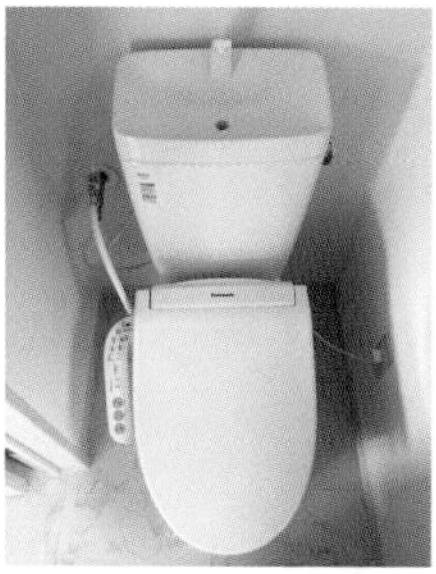

発見までしばらく時間がかかってしまったため、汚れ・臭いが清掃で対応完了できなかった。
今回の場合はトイレと洗面所の間で亡くなっていたため、周辺の内装をすべて解体し、新規設置を行った。

case 6

ごみが散乱する集積場の改善例

>>> Before

>>> **作業中**

ごみ捨てマナーが悪い物件では注意喚起を徹底して行うが、あまりにひどい場合は防犯カメラの設置も検討する。

>>> After

はじめに

資産形成の手段として「不動産投資」を検討する人が増えています。

特に2012年から始まったアベノミクス以降、超低金利に加えて金融機関の融資姿勢が大きく緩み、普通のサラリーマンでもフルローンでアパートやワンルーム、シェアハウスなどを購入できるようになりました。

そのような流れを受けて書店には、さまざまな不動産投資本が所狭しと並び、特設コーナーが設けられることも珍しくありません。「年収〇〇万円のサラリーマンでも成功できる」「〇年で〇億円の資産家になった」などという触れ込みでさまざまな手法が紹介されています。ネット上にも情報はあふれ、動画やオンラインセミナーが毎日のようにアップデートされています。そして多くの場合、1室もしくは1棟から始めて徐々に買い進めていくことで、資産家としての道を切り拓いていくことを勧めています。

これらの情報を鵜呑みにするとあたかも簡単に成功できるかのように錯覚してしまいますが、不動産投資を取り巻く環境は2～3年ほど前から大きく変わっています。融資書類改ざん問題などをきっかけに金融機関のスタンスが厳しくなり、すでに物件を所有している個人投資家の間からは「もはや買い進めることは不可能」といった悲鳴が聞こえてきています。

それでは、不動産投資で資産を築くのはもはや不可能なのかというと、決してそうではありません。現状でもなお、融資上限を気にすることなく、物件を買い進めることのできる方法があります。

本書ではこれまで私が実践してきて、今も多数の方に提供している不動産投資を説明していきます。

私はサラリーマンをしながら22歳で不動産投資を始め、現在、アパートを中心に多数の物件を保有し、毎月の手残りは1500万円、年間では2億円近くになります。

こうした私自身が実践している手法の鍵となるのが「中古1棟不動産」と「減価償却」です。法定耐用年数を超えた中古アパートなどを取得し、賃料収入とともに減価償却による節税効果で、手元の現金（キャッシュ）を最大化していきます。

このやり方をベースに、個人投資家の資産運用をサポートする会社を2018年に設立し、今では毎年、現金でアパートを買い続けているような方も複数、生まれてきています。豊富なキャッシュフローがあれば、融資上限の壁に阻まれ、行き詰まりになることもありません。着実に資産形成を進めていけば、やがて毎年、アパートを現金で買い続けられるようになります。

本書を通して、時代に左右されない不動産投資について理解を深めてみてください。きっと新しい道が見えてくるはずです。

2021年9月

穴澤勇人

目次

巻頭カラー

「中古1棟」再生事例集

序章 不動産投資に本気で取り組む人が、初めに知っておくべきこと

第1章 常識にとらわれた不動産投資では、資産規模拡大はあっという間に止まる

第2章

不動産投資でまず必要なのは「最低1000万円の余裕資金」と「減価償却の知識」

第3章

「キャッシュは王様」減価償却を理解して現金を最大化する

第6章

不動産投資は住む人の生活を預かる「事業」
管理をおろそかにしては資産拡大は実現できない

第7章

実例に学ぶ 賃貸トラブルとその対応

序章

不動産投資に本気で取り組む人が、初めに知っておくべきこと

日本の教育では投資と税の本当に大事なことは教えてくれない

今回のコロナショックもそうですが、世の中はどんどん変化し、不確実になってきています。それゆえ、「お金」に対する関心が高まっているように感じます。

ところが、日本の学校で決して教えてくれないのが、お金に関わる知識です。多くの日本人は、税金、年金などについて、分からないものはなんとなく分からないままにして日々を過ごしがちです。

その結果、ちょっと世相不安なニュースが出たり、なんとなく好景気を感じたら、十分なリテラシーがないままに急に投資をやり始め、失敗してしまいます。30年ぶりに日経平均が3万円を超えた今回の株高でも、同じことになるのではないかと心配です。

これは日本の教育制度上、仕方ないことではありますが、「投資」についてあらためて勉強するのはいつの時代であっても重要です。

本書では、これまで私が実践してきて、今も多数の方にご提供している不動産投資の方法について紹介していきます。

どこまで「経済的に自由」になりたいのか？

そもそも、皆さんは経済的な意味で目標を立てたことはありますか。

なんとなく「金持ちになりたい」とは口にしても、その目標に対して実際に行動を起こしている人はほとんど見たことがありません。

また、今さら説明するまでもありませんが、ノーリスクでリターンを得ることはできません。

自分が背負えるリスク、そのうえで目指したい目標値、こういったものをまず明確にしていただき、行動指針に据えてください。

不動産投資を含め、すべての投資はそこから始まります。

小遣い稼ぎではなく「不動産賃貸業者」として規模拡大を目指す

皆さん、中途半端になんとなくの副業感覚で不動産投資をやるから失敗するのです。そして、小遣い稼ぎのはずの副業で損失が出るから「やらなきゃよかった」と嘆いていらっしゃいます。

私からしてみれば、それは単純に稼ぐということを甘く見過ぎているだけです。

不動産投資は基本的に、「不動産賃貸業」です。アパートや賃貸マンションなど収益不動産を取得し、それを人に貸して賃料収入を得るビジネスです。

不動産賃貸業の大きな特長は、ほかの業種に比べると経営センスが問われにくく、きちんと方法を選べば成功できる可能性が高いということです。

しかし、そのためには、ラクな副業としてとらえるのではなく、自分は「不動産賃貸業を営む経営者なんだ」というマインドセットが欠かせません。

不動産賃貸業は昔から「大家業」と呼ばれてきました。人に生活の基盤である住居を提供する仕事です。その対価を報酬として得るからには、事業者として向き合う覚悟がなければなりません。

経営者として本当の意味で真剣になれば、結果として経済的に自由になることも、十分できるでしょう。

これまでの不動産投資に潜んでいたたくさんの落とし穴

30年ほど前から、個人の不動産投資で主流になってきたのが、区分マンションの購入です。特に区分ワンルームを販売する業者の宣伝では、「年金代わり」「資産形成」「憧れのマンションオーナー」など、耳ざわりの良いフレーズが今なお跋扈しています。

その宣伝文句を鵜呑みにして、公務員や上場企業のサラリーマンなど、いわゆる優秀な人たちが区分ワンルームをどんどん買っています。しかし、その多くは、単体では収支が回らなかったり、あるいは投資金額に対して収入が非常に小さかったりするものばかりです。

例えば、毎月3000円の収入を得るために、2000万円のローンを平気で組んでしまうのです。少額であっても黒字ならまだしも、管理費・修繕積立金まで含めると毎月手出しがある人すらいます。

当然ながら1戸単位での投資なので、退去があったらしばらく収入はゼロです。物件数を拡大しようとしても、2~3戸で融資上限になるので規模の勝負もできません。

また、「想像より儲からないから売ろう」と思っても、不動産には株式ほどの流動性はありません。売り出してから決済まで2カ月くらいは平気でかかります。しかも、仲介手数料などの諸経費もかかります。

こうして、途方に暮れながら現金を垂れ流しつつ、保有を続けることになるわけです。

これは結局のところ「分からないことを分からないまま、なんとなく言われるがままエイヤで買っちゃう」からダメなのです。

一般に頭が良いといわれる人ほど、そういう傾向があるので不思議です。

これから区分ワンルームに訪れる悲劇とは

区分マンションの商品特性としてのリスクは先述のとおりですが、2000年代初頭に建築された特にワンルームは、これからどんどん賃料が下落していくでしょう。

しかも、主なターゲットである独身者の所得格差が当時より広がっており、住居にかける費用は「超高級」か「1円でも安く」かの傾向がどんどん強まっています。

インターネットが普及し、物件探しが容易になったのも原因の一つです。都心部でもターミナル駅から3～4駅離れれば月3～4万円台のアパートも出てきており、築20年で設備が陳腐化しつつある、中途半端に賃料の高い区分ワンルームの競争力低下は免れないでしょう。

新築時には毎月10万円の想定だったものが、今では価格勝負で7万円でも決まりにくくなってしまった、そんなことが不思議ではない時代が来たのです。

あるいは、数百万円をかけて本当に設備をすべて入れ替えるという選択肢もあると思いますが、どう転んでも苦しい状況なのは一目瞭然です。

結局のところ、資産価値の大幅な下落か、収益とまったくバランスしないほどの大規模な出費か、これらがほぼ必然として起きてしまうということです。

不動産投資では物件購入の順番を間違えるな

区分ワンルームの危機について語りましたが、実際のところ、区分ワンルームでも成功する方法はあります。ただし、そのためには本人の金融資産の状況が重要で、いわゆる「もう資産形成が終わっているお金持ち」なら、という条件付きです。

実際のところ、これから不動産投資を始めたいという投資初期段階にある方で、潤沢にキャッシュをもっているという人は少ないと思います。

そういった方の場合、耐用年数切れの木造や軽量鉄骨造の中古アパートから始めるのがいちばん良いケースがほとんどです。

世間のイメージでは「そんなボロボロな物件をもってどうするの」と思われるかもしれ

ませんが、それについてはこれから説明します。

規模拡大が最速で進むのは「中古1棟アパート」

耐用年数切れの中古アパートのメリットは大きく3点あります。

①減価償却費を最短で取れるため、帳簿上の赤字を意図的につくりやすい（売買契約書で建物金額を明記するのが重要）
②すでに家賃下落が完了しているので、賃料の値崩れリスクが低い
③ほかの投資商品と比べ、相対的に高利回りで購入しやすい

ほかにも1棟ものは1戸ではなく複数の住戸がある前提のため、1つ解約が発生しても残りの住戸からは賃料を生み出し続けられるなど退去リスクに強かったり、リフォーム済みであれば修繕費用が少額で済みやすいなどのメリットがあります。

各章で徐々に、詳細に触れていきますので、まずは「耐用年数切れの中古1棟アパート」が、不動産投資の初期においては最も効率の良い〝キャッシュマシーン〟だということだけ覚えておいてください。

物件のキャッシュフロー＋節税効果での所得税還付＋本業からの貯金

詳細は第2章で説明しますが、中古1棟アパートを活用するうまみは「節税しながら現金を殖やせる」点にあります。

通常、節税というと経費をいっぱい使ってみたり、あるいはオペレーティングリースなど税金の繰り延べ商品を活用したりすることになりますが、いずれの場合も手元から現金の支出が伴います。

しかし、中古アパートは条件によってはフルローンで購入することができ、購入時の各種費用を除けば財布から1円も出ていかないというメリットがあります。しかも、建物の減価償却費という帳簿上の経費によって不動産所得で大きな赤字を出すことで、損益通算により確定申告を通して給与所得や事業所得といった本業にかかる所得税から還付が得られます。

そうすると、「賃料収入から運営諸経費を差し引いた黒字分だけ預貯金が増加する」のに加え、「本業での税金の還付を受けることができる」という状態が両立できてしまうわけです。

特に個人で累進課税の所得税率が高い人ほど、本業での税金の還付が大きいため、アパートの運営状況によらない確定利回りを手にすることができます。本来自分の懐には残らないはずだった所得税が戻ってくることによって、特に納めている額が多ければ多いほど、驚くほど手元の現金が殖やせるのです。

さらに、実際に自分が働いた分もコツコツ貯金に回していけば、ただただ給料から貯金をしているだけのときより、早期に通帳の残高を殖やすことが可能になります。

「自分の懐に入ってくる現金を殖やす」ことと、「止めることのできる出費を食い止める」こと、この2つをバランスよく安定的に行えるのが中古1棟アパートの活用なのです。

不動産投資は時間の勝負、「楽待」「健美家」物件で十分に勝てる

「東京23区内、築20年以内、利回り15％以上でないと買わない」など、独自の基準をもって何年も物件を買わずにずっと眺めているだけの方がいます。

もちろん、こだわりをもつのは大事ですが、正直、素人が思いつく基準の優良物件は業者が水面下で現金で買っていくので個人に回ってくることはまずありません。

不動産投資の根幹は、「部屋を貸した時間分、対価を賃料としてもらう」ということです。そのため、誰でも見られる収益不動産の物件サイトである「楽待」や「健美家」に掲載されている利回り8～10％の物件を何もしていない人より5年早く買って運用すれば、額面上は投資額の40～50％のリターンが得られるわけです。実際には借入金の返済、運営費、場合によっては納税が発生するので額面どおり現金が殖えるわけではありませんが、物件購入時によほど変な条件（極端な短期間、高金利等）で借入をしない限りは、不動産賃貸業は現金を殖やしやすい業態です。

さらに先述のとおり、節税効果で所得税を手元に引き戻すこともできます。投資スタンスは人それぞれなのであまり深くは触れませんが、基本的には「買わなきゃよかった」と思うほどの損をするリスクは低めになっています。

実際、私が個人名義で所有する物件はどれも「レインズ」（東日本などエリアごとに設けられた不動産会社専用の情報ネットワーク）ではなく「楽待」などで見つけた物件です。物件を買わない理由として「良い物件がない」と嘆いている方を多く見かけますが、これは大きな間違いです。

２０２１年現在の市況と税制であれば、いわゆる普通のネットサーフィンで見つけられる物件でも十分勝てる、ということは覚えておいてください。

最終ゴールは「毎年現金でアパートを購入できる」状態

不動産投資による資産拡大の最終目的地は、毎年数千万円の預貯金がつくれる状態です。そこまで行ければ、あとは現金で物件を毎年、買えるようになります。そうすれば償却資産を絶えずもち続けながら、お金を生み出す〝キャッシュマシーン〟を無限に増やしていけるわけです。

そもそも、毎年1000万円以上貯金がつくれるなら、経済的な自由を得たといってもいいでしょう。これは何も特別なことではなく、真剣であれば必ず到達できる領域です。

実際に、「穴澤君、今年も木造か軽量鉄骨のアパートを現金で買いたいからすぐ売ってほしいんだ」ということで相談にいらっしゃるお客さまが何人もいらっしゃいます。そして、その方々は何も最初から大金持ちだったわけではありません。当社でお手伝いをしている方には先述のようなことを言える、現金でアパートを本当に買える状態を目指してもらっており、皆さまもその領域を目指すことは十分、可能なのです。

序章のまとめ

1 不動産賃貸業はきちんと方法を選べば成功できる可能性が高い。しかし、そのためには不動産賃貸業を営む経営者としてのマインドセットが欠かせない。

2 あまり資金がなく、これから不動産投資を始める人には、耐用年数切れの木造や軽量鉄骨造の中古アパートから始めるのがいちばん良いケースがほとんど。

3 「自分の懐に入ってくる現金を殖やす」ことと、「止めることのできる出費を食い止めること」をバランスよく安定的に行えるのが中古１棟アパートの活用。

4 不動産投資による資産拡大の最終目的地は、毎年数千万円の預貯金がつくれる状態。そこまで行けば、現金で物件を毎年買えるようになり、お金を生み出す“キャッシュマシーン”を無限に増やしていける。

常識にとらわれた不動産投資では、
資産規模拡大は
あっという間に止まる

第 1 章

資産形成は山登りと一緒

資産形成は山登りによく似ています。

私はよく、毎月1000万円の賃料収入ができれば、個人の不動産投資としては頂上に到達したも同然だといっています。それに比べると、月額収入100万円が3〜4合目くらいでしょうか。

本業の収入が高いプレイヤー（投資家）は、最初からバスである程度高い所まで登って、そこから登山のスタートができます。

逆に、属性が高くないプレイヤーは麓の1〜2合目からコツコツ自分の足で登っていかないといけません。また、冬山にサンダルで登ろうとする登山家がいないように、事前に十分な勉強と心構えをすることがとても大切です。

これまで私が見てきた不動産投資で失敗した人というのはだいたい、エビデンス偽造や知識不足で始めてしまった人がほとんどです。それはトレーニングもまったくせず、半そ

［図表1］　資産形成を山登りに例えると…

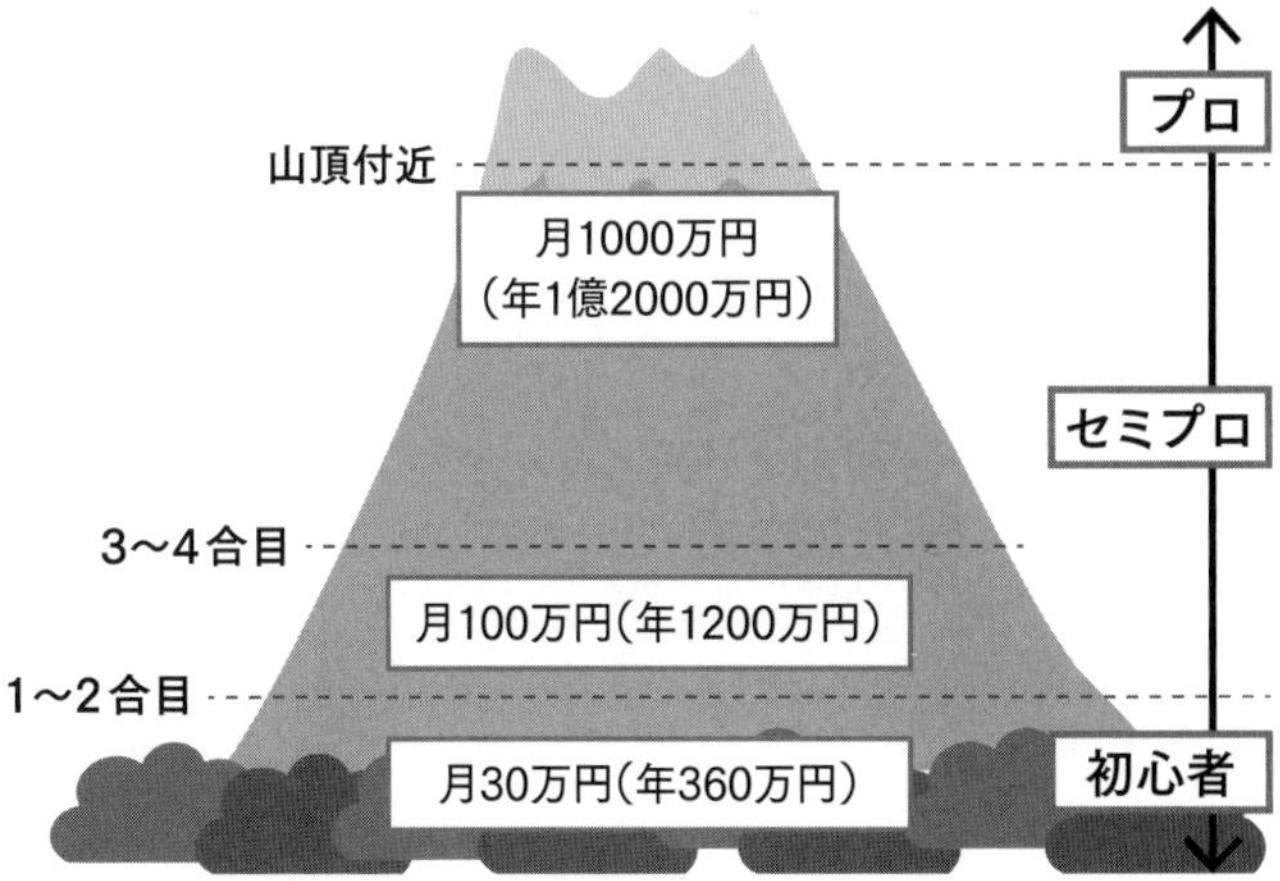

で短パンで富士山に挑んでしまったのと同じであり、失敗して当たり前です。

本当の意味で高い位置のゴールを目指すには、成し遂げるための気持ちと正しい装備、これが欠かせません。

自分の身一つを懸けて何かを成すというのは資産形成も登山も共通するところです。ちなみに当社が中古不動産のプロたるゆえんは、自社物件からの毎月の賃料収入が１５００万円をゆうに超える点にあります。本書内で紹介している内容は別に理想論や夢物語ではなく、実績に基づくものであることを書き添えておきます。

始める前に「目標設定」しましたか？

例えば、「野球がうまくなりたい」といった定性的な命題には、ゴールはありません。しかし、「不動産投資でどれくらいの財を成したいか」は、金額の設定が可能です。

毎月10万円のお小遣いが欲しい人と、年間賃料1億円欲しい人とでは、取るべき戦略は明確に違うというのは、感覚的にお分かりになると思います。

ここを明確化しないと、「俺もマンションオーナーかぁ」と浮かれながら変な区分マンションを買ってしまい、よくよく収支を叩いてみると毎月赤字、なんてことが起こります。お金が欲しくて不動産投資を始めているはずなのに、お金が毎月持ち出しになっているという、聞く人が聞いたら理解に苦しむような状況が日本のあちこちで起きています。

これは、物件購入を検討している途中で、目的が「資産を殖やすこと」から「物件を所有すること」にすり替わってしまっているか、あるいはそもそも「月に〇〇万円得るためにこれは最適な手段か」を検討しなかったから起きてしまうことです。

皆さんがまず不動産投資で成功したいと思ったら、どれだけのスパンで、どのようなリスクの範囲で、どのようなリターンを得たいのか。まずこれを輪郭だけでいいので確定させましょう。そこまで固めたら、自然と「失敗したくない」と思うはずです。そこまでくればあとは具体的な道を探すだけなので、そうそう大きく踏みはずすことはないでしょう。

区分ワンルームは節税しているふうで節税になっていない

これは先ほどのお話にも共通するところで、上場企業のサラリーマンや公務員をターゲットにした区分ワンルームの売り文句として「節税」がよくうたわれます。

でも、帳簿をつけると、正しい意味での節税になっていないことが多いです。というのも、経費として現金を支出したら、本来、手元にお金を残したいがための節税にもかかわらず、結果的に何もしなかったときより現金は減っているからです。嘘だと思う方は、きちんと帳簿をつけてみれば分かることです。

一番の原因は、耐用年数が長い物件では減価償却費を大きく計上できないところにあります。詳細は後述しますが、不動産所得は帳簿上では赤字、でもキャッシュフローは黒字という状態をつくれないと節税としては意味がないのです。

雰囲気に酔いしれたいだけなら話は別ですが、あくまで投資は「お金を手元に残す手段」に過ぎません。であれば、その目的に即したものを利用するべきでしょう。

サラリーマン属性一本足打法では融資上限になったら終わり

少し不動産投資における「融資」の深いところのお話をします。

よく当社にご相談いただく方に「1棟目は買えたが2棟目の融資をどこからも断られる」というパターンがあります。

共通した特徴としては、アベノミクス期に物件を買った人が多いです。当時は融資がジャブジャブだったので、「融資は簡単、自分の属性なら物件は買えて当たり前」というマインドセットになってしまっていることがほとんどでした。

サラリーマンの融資上限は一般的に年収の10倍とされ、そこまでは物件評価も重要ですが、審査の緩かった時期には正直、属性ありきの融資もまかり通っていたのです。

また、当時、都心1棟ものの利回りは4～5％、郊外でも7％程度が当たり前だったので、単体収支が伸びないということもあります。

アパート・マンションは1棟買うと1億円近い借入が発生することもまったく珍しくありません。そして1棟買ったあとには属性審査の基準から見て上限に達してしまい、また事業として見てもキャッシュが回っていないので融資先として不適格で融資が出なくなるのです。

一般的な買い物と違い、収益不動産の購入において、金融機関からの借入はセットです。本書では一般レベルから脱却して無限に買い続ける方法を解説しますが、まず覚えてほしいことは「普通の買い方ではサラリーマンの収入を超えるのは難しい。なぜなら融資上限に引っかかるから。加えて、金融機関が次も貸したいと思える買い方を知っていないと、次の融資は出ない」という点です。

1法人1物件スキームによる拡大はもうできない

数年前の融資が簡単に出ていた頃、個人としての融資上限をクリアして物件を買い進めるために、1法人1物件スキームというのが流行りました。これは審査を潜り抜けることを目的とした〝グレー〟なやり方です。

通常、1人の投資家が複数の収益不動産を購入する場合、どの金融機関からそれぞれいくら借りているのかは各金融機関に通知する必要があります。

しかし、1法人1物件スキームは、複数の法人を〝隠れ蓑〟にすることで、ほかからいくら借入しているのかを知られることなく、複数の金融機関からローンを引っ張ろうとするものです。

金融機関では近年、この手法を問題視するようになり、独自にチェックするところもあるようです。もし発覚すれば金融機関との信頼関係が崩れ、新たな借入は難しくなります。

また、悪質だと判断された場合は、既存の融資の一括返済を求められる可能性もないとはいえません。

実際、1法人1物件スキームで投資用不動産を買い進めたいわゆるメガ大家のなかには、新規の融資を申し込んでも通らなくなっていることが多いと聞きます。

そもそも1法人1物件スキームは、法人がいくつもあるので維持経費などがかさみます。トータルの借入額のわりにキャッシュの手残りは少なく、投資としては失敗というケースも決して少なくありません。

現在、このスキームは金融機関のチェックが厳しく、使えないと思ってください。裏技的な急拡大の方法は、商売の王道ともはずれます。事業者として正攻法で規模拡大をする方法はきちんとありますので、このスキームを利用する線は前提として消してください。

当社ではエビデンス偽装などの提案をしてくるお客さまとは、お付き合いしないと固く決めております。

「融資が出るからとりあえず買った」あとに待ち受けているもの

先ほど、融資上限に引っかかるともう規模拡大ができない、というお話をしました。そして、これは「融資が出るからとりあえず買う」というスタートの仕方をした人に非常に多く見られる傾向です。

不動産投資はその特性として、土地、建物という実物が残るので、たとえ失敗しても投資額がゼロになることはほとんどあり得ませんが、やはり株式などと比べると流動性は低めになっています。買主が見つかっても引き渡しまで2カ月程度は平気でかかります。

また、アベノミクス期は普段なかなか融資が難しい、郊外の大型物件にも流動性が生まれた特異な期間でした。そういう物件の出口は、購入時ほどスムーズにはいきません。

不動産賃貸業は、動かすお金が巨大です。その分、事業を拡大して安定性を増していくのが基本戦術になりますが、拡大がもうできないオーナーは、大きな損切りをして撤退するか、じっと残債がなくなるまで耐え忍ぶか、二つに一つです。

「思ったほどうまくいかない、だからやめる」といった軽い判断はできません。大きな出血を伴っても良いなら話は別ですが。

なので、これから物件を買う方は「買えるから買う」はやめていただきたいです。

「利回り星人」の10年後

不動産投資の世界では、物件の利回りにばかり注目する人を「利回り星人」と呼んでいます。

しかし、不動産投資は、最終的に現金化をしてゴールです。いくら利回り20%でも、売却できない不動産は、いずれ人に貸せない状態になったら最終的には延々と固定資産税を垂れ流すだけの負債になります。

もちろん、自分で再建築したり、そもそも投下資金の何倍もの資金を回収できれば問題ありません。「持ち続ける」というのも、実は出口戦略の一つなのです。

ただし、現在の日本の法律上、不動産の所有権放棄は事実上できず、また相続人が一人でもいれば、たとえ相続放棄をしようとも、相続財産管理人の選任までは管理義務が生じます。「自分が死んだら関係ないでしょ」とはいかないのです。

売却できない不動産を所有していると、「永遠に事業撤退ができない」状態になります。数十年、あるいは自分の死後までその状態が固定されるのは、身軽さの面からいってもあまり推奨はできません。

「再建築不可」「市街化調整区域」「そもそも賃貸需要がないエリア」などの超高利回り物件を選ぶのも一概に否定はしませんが、自分が買えたからといって次の買い手がつくかは分かりません。

目先の利回り20％は、本当に一族郎党皆を巻き込んでまで投資する価値があるかどうか、本当に事業をきれいに終えることができそうな物件か、よく検討されることをおすすめします。

「最終的な手残り」と「資産性」のバランスが規模拡大の肝

従来の不動産投資についてネガティブな面に多く触れてきましたが、結局のところ不動産投資で成功するために大事なことは次の2点に尽きます。

①手元の現金が殖える（手出し前提の投資は初期段階ではだめ）
②最終的に売却で出口戦略が取れる

のちに解説する減価償却の側面も鑑みて、私は投資スタート段階の方の場合は「中古1棟木造アパート」の活用が一番であると結論づけております。

資産性が非常に高い、例えば都心物件では利回りが確保できません。逆に、超高利回り物件はそれそのものが何かしらのリスクを抱えているので、簡単に撤退できないこともあります。

これらのバランスが取れるのが、エリアを選んでの中古1棟木造アパート投資です。仮に上物がボロボロでも、アパートには土地が付いてきますので、資産価値の担保を成しやすいのが特長です。戸建て住宅の需要があるエリアなら、最悪、更地にして路線価より少し安いくらいまで下げれば建売業者が買います。

「高利回りだから」「都心部だから」といった一面的なところだけにフォーカスして投資に踏み切ると、「こんなはずじゃなかった」となってしまうことが少なくありません。

当社が紹介する物件は、最終的な手残りの残しやすさと、流動性が確保された資産性、この2つのバランスを確保したものになりますので、5年後、10年後を見据えた際に、かなり低リスクで規模拡大を進めやすくなっています。

ある程度、賃料収入が貯まったところ、あるいは税率が得になるタイミングで売却し、殖えた資金をさらに大きく投下することで規模を拡大していく、というのが不動産収入を殖やす王道です。

それを実現するために、最初に何を買うかが極めて重要なのです。

第１章のまとめ

1 不動産投資で成功したいと思ったら、どれだけのスパンで、どのようなリスクの範囲で、どのようなリターンを得たいのか、まず輪郭を確定させる。

2 よく考えずに購入した物件は、節税効果が薄かったり、期待した効果を得られないこともある。また、それをヘッジするために買い進めようと思っても融資上限は意外と早く訪れる。

3 不動産投資は、一度買ったら最終的には売却で現金化するか持ち続けるかの二択。高利回りの不動産はリスクがあることがほとんどで、事業撤退が難しい場合もあるので、目先の数字にとらわれず、所有すべきかはよく検討したほうが良い。

4 不動産投資の初期段階では、手元の現金が殖えることと、最終的に売却で出口戦略が取れることが成功に不可欠。それを成しやすいのは、中古の１棟木造アパート。

第2章

不動産投資でまず必要なのは「最低1000万円の余裕資金」と「減価償却の知識」

物件が買えない人、財を成せない人の共通点

投資はあくまで余裕資金でやるものであり、不動産投資を今から始めようという方なら、まず1000万円の自己資金をつくるのが先決です。

こういうと、「年収が低いから自分には不動産投資は無理」と思っている方もいるかもしれません。しかし、「給料が上がらない」とか「基本給が低い」など言い訳ばかり言っているようではだめです。

物件が買えない方、財を成せない方というのは、私の見るところ、すべて他人のせいにしがちです。収入が上がらないのも上司のせい、会社のせいなのです。

サラリーマンであれば、夜勤でも残業でも、基本給以外の手当とボーナスはすべて貯金するくらいの必死さが、投資で財を成すには必要不可欠な前提になります。少ない年収であっても、必死に働いて支出を切り詰めれば、時間はかかっても投資のためのお金は確実に貯まります。

また、私はこれまで、資産運用でマイナスにならないための努力もせず、失敗したときのことばかり心配して、最初の一歩を踏み出せない人もたくさん見てきました。最初から「資産運用をしてマイナスになったらどうするんだ」などと、やりもしないで〝できない理由〟ばかり並べているような人は、厳しいようですが、一生そのままでしょう。

私は高校卒業後すぐに就職して、初任給は手取りで14万円ほどでした。それでもコツコツ自己資金を貯め、株式やＦＸ、そして不動産投資など資産運用についての勉強を本気でやりました。そして22歳から不動産投資を始め、物件数を増やしてきました。

途中でいろいろ失敗もありましたが、致命的な失敗はなく、むしろ失敗から多くのことを学びました。

そうした経験からいえるのは、年収が低くても不動産投資を始めることはできるし、買える方法はあるということです。

実際のところ、本気で不動産投資を始めるには、１０００万円の「無くなっても大丈夫」なお金をご用意ください。無くなったら困るお金を使って投資をするのでは本末転倒になってしまいます。きちんと生活費とは別建てで資金を用意しておけば、最悪、投資で転んでも生活が破綻するおそれはありません。

年間いくら手元に現金を貯められるのか

すでに余裕資金1000万円がある人はいいですが、これから貯めようという人は具体的な計画が不可欠です。サンプルの図表を用意しました。ワーク形式で実際に計算してみましょう。

年収や生活スタイルによっては、1000万円貯まるまでの期間が10年以上になることもあります。「焦《じ》れる」「そんなに待てない」と思うかもしれませんが、その焦《あせ》りは失敗のもとです。それに、収入が足りないなら時間と労力を投下してその他収入を増やす、出費を見直すなど、必死にやり方を考えることが重要になります。

一生懸命貯めた1000万円なら、普通の感覚なら「絶対に失敗したくない」と思うはずです。そうなれば、勉強に自然に身が入り、一生懸命調べると思います。

この貯金期間は、不動産賃貸業者としてのマインドセットを育む時間になるのと同時に、

[図表2]　年間貯蓄可能額のワークシート

		例（円）	ご自身の額（円）
A	月の手取り	500,000	
B	住居費	120,000	
	食費	50,000	
	水道光熱費	20,000	
	通信費	20,000	
	交際費	30,000	
	車両費	30,000	
	その他（雑費）	50,000	
	確定出費合計	320,000	
C（A－B）	毎月貯蓄可能額	180,000	
D	ボーナス手取り見込額	1,000,000	
E	ボーナス出費額（住宅ローン返済等）	550,000	
F（D－E）	ボーナス貯蓄可能額	450,000	
G	その他収入手取り額	0	
H	その他支出予定額	500,000	
I（G－H）	その他収支	▲500,000	
J（C×12＋F＋I）	年間貯蓄可能額	2,110,000	

自己資金1000万円を貯めるまでの最短年数　1000万円／J

※投資はあくまで余剰資金で行うものです。必要以上の背伸びはしないようにしてください。

自分が本気なのかどうかという、自分自身と向き合う最適な機会となるでしょう。

手元に現金は残っているのに帳簿は赤字？

「減価償却費」。

皆さん、どこかで耳にしたことがある言葉かと思います。不動産投資を始めるにあたって、余裕資金1000万円とともにぜひ必要なのが、減価償却費についての知識です。

正直にいって、これを理解せずに不動産投資を始めるのは非常に危険です。言葉自体にアレルギーを感じる方も多いと思いますが、ここを正しく理解できれば日本の税制が分かり、結果的に何をすべきかが本当の意味で腹落ちします。

「現金が殖えた」「現金が減った」これは非常に大事な要素です。しかしながら、納税をする際の計算方法は異なります。実際には簿記のルールに従って年度ごとの収支を計算するわけですが、そのときの経費項目のなかでは「現金支出を伴っていないが、経費化ができるもの」も含まれており、それの最たるものが減価償却費なのです。

［図表3］　修繕費と減価償却費の違い

【10万円で壁紙を張り替える場合】

修繕費10万円を費用に計上
（費用と現金支出がイコール）

【フルローンで収益不動産を取得する場合】

築22年超の木造アパート
（法定耐用年数4年）

土地付き建物　5000万円
土地　2000万円
建物　3000万円

償却できるのは建物部分のみ
3000万円／4年＝750万円／年

※建物価格を算出するには、あらかじめ売買契約書に内訳を明記する必要があります。特段の取り決めがない場合は、評価証明書の評価額等に則って土地・建物の価格を按分する方法等が用いられます。
また、建物価格が土地価格と比べ、極端な場合（例：土地１円、建物数千万円など）は、売買契約書に明記があっても、認められない場合もあります。

手元に現金は
残っている

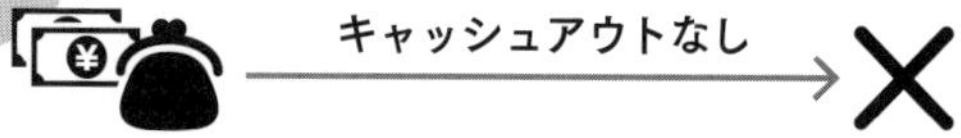

経費750万円が計上可能
※経費計上後は、帳簿上の建物価格は減少する

利回り10％の場合、最大年収は500万円／年のため、ほぼ確定で不動産所得が赤字化する。
⇒　①その年、不動産で殖やせたお金に所得税が課税されない。
　　②給与所得等と損益通算し、所得税還付でさらに現金が殖える。

例えば、部屋の壁紙の張り替えに10万円がかかったとします。これは修繕費として経費計上できますが、同時に10万円が財布から出ていっています。

しかし、減価償却費の場合、簿価の減少を経費として計上ができ、現金の支出を伴いません。そうなると結果的に、現金は出ていかないのに帳簿上の利益が圧縮でき、納税を抑制することができます。

あるいはその影響で不動産収支そのものが赤字に至れば、損益通算によって本業（給与所得など）の所得も圧縮できるのです。

すると、手元の現金は殖えているのにむしろ税金も戻って来てダブルで現金増、という状況が意図的につくれるというわけです。

極論すると、本業の収入と物件規模、購入の仕方、計上できる減価償却費次第では、入居率0％でも現金を殖やすことは可能です。

そこまで極端な例でなくても、何も考えずに物件を運用する場合（土地・建物の金額比率、選ぶ建物の構造等をまったく考えない場合）と比べて、年間の現金増加額が数百万円変わることはよくあります。

本章では、実際の減価償却費の「活用法」について説明していきますが、その前に収益不動産における減価償却の基礎を簡単に整理しておきます。すでにご存じの方は飛ばしていただいてもよいかと思います。

収益不動産における減価償却の基礎知識

そもそも、アパートや賃貸マンションなどを所有し、不動産賃貸業を営むと賃料収入が入ってきます。この賃料収入は所得税の計算上、「不動産所得」とされます。不動産所得は基本的に、賃料収入から必要経費を差し引いて計算します。その際、ポイントになるのが必要経費のうちの「減価償却費」です。

これは、建物や設備の取得にかかったコスト（購入代金や建築費）について、取得した年に全額、経費として計上するのではなく、その後、複数年にわたって分割して経費計上するものです。

キャッシュの流れとしては、建物や設備の取得時に一括して支払い、その後は法定耐用年数に応じて毎年、キャッシュは出ていかないものの、不動産所得の計算上は経費として収入から差し引かれることになります。

「減価償却費」のこうした特徴により、減価償却費を多く計上できる期間については、手元にキャッシュは残るものの、「不動産所得」が赤字になり、「給与所得」などと損益通算することで所得税を抑えることができるというわけです。

ここでポイントになるのが、減価償却費の計算のベースとなる法定耐用年数です。建物の場合、その構造によって次のように法定耐用年数が決まっています。

例えば、鉄筋コンクリート造であれば47年、重量鉄骨造（骨格材の肉厚が4㎜超）は34年、ハウスメーカーの軽量鉄骨プレハブ造で肉厚3～4㎜は27年、肉厚3㎜以下は19年、そして木造は22年です（いずれも住宅用）。

また、中古になると、法定耐用年数を超えない場合は、その法定耐用年数から経過した年数を差し引いた年数に経過年数の20％に相当する年数を加えた年数となり、法定耐用年数を超えた場合は、法定耐用年数に0・2を掛けたものになります（1年未満の端数は切り捨て）。

例えば、木造アパートであれば、法定耐用年数は22年なので、築20年であれば残りの耐

［図表4］　住宅用建物の構造と法定耐用年数

軽量鉄骨プレハブ造（鉄骨の厚さ3mm以下）	木造	軽量鉄骨プレハブ造（鉄骨の厚さ3～4mm）	重量鉄骨造（鉄骨の厚さ4mm超）	鉄筋コンクリート造
19年	**22年**	**27年**	**34年**	**47年**

中古建物の耐用年数

【法定耐用年数を超えない場合】

その法定耐用年数から経過した年数を
差し引いた年数に経過年数の20％に
相当する年数を加えた年数

【法定耐用年数を超える場合】

法定耐用年数の20％に相当する年数

用年数は6年、築22年を超えれば一律4年となります。

これまで納めてきた所得税の額、把握していますか？

さて、続いてサラリーマンの皆さんにお聞きします。勤続年数は人それぞれでしょうが、いったいこれまでいくらの所得税を納めてきたか具体的に説明できるでしょうか。

図表5で、年収別の大まかな所得税・住民税を一覧で記載します。個々人の状況によって金額は変動しますが、ざっくりした目安ということでご確認ください。

お分かりになりますでしょうか。所得が高額になればなるほど、累進課税の効果は強烈になってきます。結果として数百万~数千万円を〝サイレント出費〟しているわけです。

なぜ今この話なのかというと、給与所得と不動産所得は損益通算が可能だからです。

収益不動産を活用した投資というのは、不動産そのものから収益を得るという考えも重要ですが、実は「サイレント出費を抑える」という考え方が極めて重要になります。実際のインパクトは、これ以降と第3章で詳しく解説します。

［図表5］ サラリーマンの年収別“サイレント出費”の例（概算）

	年収			
	1000万円	2000万円	3000万円	4000万円
所得税	約82～84万円	約360～380万円	約770～790万円	約1180～1200万円
住民税	約62～64万円	約155～160万円	約260～270万円	約360～365万円
合計	約144～148万円	約515～540万円	約1030～1060万円	約1540～1565万円

※社会保険料等も給与から天引きされますが、本図表においては記載を割愛しております。
※課税額については個々人の状況により変化する場合があります。
※記載は2021年現在の税制をもとにしています。
※本図表はあくまで概算であり、正確性を保証するものではありません。

→ 不動産投資による損益通算により
還付・圧縮が可能

損益通算による「所得税の還付」の具体例

数字の概略のお話をします。給与所得が2000万円の人に、仮に不動産所得の赤字2000万円をぶつけます。そうすると、その人の年間所得は0円だったことになります（給与所得といわゆる額面の給与額は別ですのでお気を付けください）。

するとどうでしょう。あくまで概算にはなりますが、確定申告をすることにより納めていた所得税の全額が還付されるのです。※本書の記載内容はアウトラインの説明を目的としておりますため、記載条件によって所得税が全額還付されることを保証するものではありません。

この規模の赤字をつくろうと思うと、建物比率が6割として取得価格2億円、利回り8％の物件で実現できます。模式図を図表で示しますのでご確認ください。

ここで特筆すべきは、所得税の還付が非常に大きいという点です。

物件単体の収支は入退去や修繕にどうしても左右されるため、時には浮き沈みがあります。しかし、所得税の還付は物件購入の時点で大まかに目途を立てられます。自分の給与

［図表6］　不動産所得と給与所得の損益通算例　（概算）

【条件】

物件種別：木造アパート（築22年超、法定耐用年数4年）
物件価格：2億円（うち建物価額1億2000万円）
表面利回り：8.0％
銀行借入：1億8000万円（金利3.3％、30年、元利均等返済）
諸経費：250万円／年（共用部電気代、火災保険料、固定資産税、管理委託費等）

【収支】

収入	家賃	1600万円
支出	諸経費	▲250万円
	金利返済	▲352万円（概算、年度により変動）
	減価償却	▲3000万円（1億2000万円÷4年）
不動産所得		▲2002万円

↓

不動産所得の▲2002万円は、給与所得などと損益通算が可能。その結果、給与所得などが大幅に押し下げられ、納め過ぎた所得税の還付が受けられる。また、翌年の住民税額もかなり下がる。

※不動産所得が赤字になる場合、土地の金利分は損金算入できません。

所得等が大幅に減るという場合を除いて、およその還付額は減価償却費などの固定経費から簡単に逆算ができます。これが入居率0％でも現金が殖える、と述べた理由です。※返済期間・金利・物件の建物金額・減価償却の方法など、場合によっては記載内容を満たせない場合もございます。

そして、この準確定収入があるおかげで、リスクへの備えが非常に手厚いです。急なキャッシュアウトが生じても、確定申告まで生き延びられればそこで大幅な現金の戻しがあるからです。

一つ気を付けるべきなのは、「高額な所得税を納めていないと効果が薄い」ということです。また、損益通算後の所得が仮にマイナスになっても、納めた所得税以上のものは戻ってきません。年収500万円の人は、どれだけ赤字をぶつけてもおよそ14万円程度が所得税の納付額のため、それ以上は戻しようがないのです。

ゆえに、最初はとにかく「損益通算可能な所得額を上げる」というのがこのスキームの鍵となります。これは、仮に本業の所得が上がりにくくても不動産所得そのものを上げることでも結果的には達成できるので、損益通算さえできれば給与所得にこだわる必要はありません。

貯めた資金をキャッシュマシーンに変換する

最終的な不動産投資のゴールは、「毎年現金でアパートを購入できる状態」です。「そんな状況、つくれるわけがないだろう」と思う方も多いと思います。

ただ、当社のお客さまには本業利益の圧縮用に２０００万〜６０００万円程度の築古アパートを現金で毎年１〜２棟購入される方が複数名いらっしゃいます。

もちろん年収４０００万円オーバーの属性の方が多いですが、給与所得が１０００万円台でも、すでに所有が5棟を超え、毎年の物件のキャッシュフローによる現金買いにシフトした方もいらっしゃいます。

当社の顧客の7割強は、自身で会社を営む経営者の方か、医師・士業の皆さまです。そういった皆さまからよく頂くお声としては、オペレーティングリースや保険などと比べて単純な税の繰り延べにならず、かつ、年度を重ねると税金の戻りがどんどん積み重なるので、イメージよりはるかに現金が手元に残る、といったものがあります。

結局のところ、預金を預金のままにしていても殖えません。収益不動産を活用する場合は、給与所得の税還付を得られるのと同時に、その資金を再投下し、得られる賃料収入の規模も徐々に上がっていくので、複利でどんどん資産が殖えます。しかも、現金で物件が買えれば融資情勢などは一切関係がなくなります。加えて、２０１８年以降の不動産融資が厳しくなった状態でも達成者が複数名おり、再現性のある方法であることを補記しておきます。

拡大成長路線を取りたい方にとっては、「現金で物件を購入できる状態」を一つの目標点とするとよろしいでしょう。

多くのリスクはキャッシュがあれば対応可能

さて、不動産投資にも当然リスクはあります。

リスクにはどのようなものがあるか、ご自身で列記してみてください。おそらく、台風・漏水・夜逃げ・滞納などが挙がるのではないでしょうか。

まずもって、漠然とした不安を抱く方が多いですが、ここに挙げたトラブルは手元に十分な対応資金があれば処理可能なものばかりのはずです。

そして、酷なようですがリスクゼロで不動産賃貸業を営むのは無理です。絶対に何かしらのトラブルには直面します。

結局のところリターンに対しどこまでリスクを負えるか、というところですが、この限界値は火災保険の補償額＋手元の現金が上限です。

モラルクレームの発生や近隣トラブルに巻き込まれるなどは、もはや運の要素もあるため自分が飲み込めるか否かの二者択一ですが、人間同士の感情的なトラブル以外のほぼすべては、現金さえあれば対処ができるものばかりであることに気が付くと思います。

トラブル発生については過度に悲観視する必要はなく、「どうにか対処できるものがほとんど」と考えると、漠然とした不安によるモヤモヤも多少は晴れるのではないでしょうか。

そこを踏まえたうえで不動産賃貸業を行えば、例えばコロナ禍においても、他事業のように収入が急に半減したりはしなかったりと、収入変動リスクに非常に強い収入源を得ることができます。

不動産賃貸業は、江戸時代の長屋のように、あるいはもっと前の時代から、安定的に続いた〝商い〟である理由が良く分かります。ただし、繰り返しになりますがトラブル時の一撃は重いので、有事の際の備えは他事業と比べても重要になります。

結論として、不動産賃貸業を営むうえでは手元に現金をなるべく早く、手厚くしておき、万が一のリスクの際の盾とするのが最重要です。そのための手段として、長期間の融資を活用し、毎月の返済額を低く抑えることを考えていくとなおよいでしょう。

投資初期の基本戦略は「5年以内にまた買い増せる状態」に

中古の耐用年数切れの木造物件は、最短で4年で減価償却ができます。ただ、逆をいうと理論値を攻めると4年後には建物の簿価が1円になり、減価償却メリットが得られなくなるということでもあります。

なので、そこまでに追加で不動産所得を圧縮できる物件の追加取得を目指します。1棟目に自己資金を投下し過ぎてはいけない理由がここにあります。

金融機関からすれば預金残高こそが〝正義〟なので、残高は極力高い状態を保ったほうがよいです。そのためには、物件保有中も通常の本業からの貯金も怠らないようにしてください。

そして、減価償却費を除いた状態では、きちんと黒字で物件を運営し続けていることも重要です。減価償却費はあくまで意図的な赤字をつくるためのツールなので、何でもかんでも赤字でＯＫというわけではありません。

2棟目の購入の際も基本的には融資を使うことになりますが、銀行マンは投資家の帳簿がどうなるかを把握していますので、きちんと見るところは見ています。逆にいうと、減価償却前利益がプラスであれば、確定申告が赤字になっていても事業者としての評価に影響はなく、次の融資は問題ない場合が多いということです。

そして、減価償却費がなくなる問題に直面する頃には1棟目の元金返済も進んでいるはずなので、投資初期段階では長期譲渡での売却も絡めたほうがよいです。

個人所有の場合、物件を保有してから6度お正月を超えると、譲渡所得の区分が「短期譲渡」から「長期譲渡」に変わります。

そうすると、売却益への課税割合が39・63％から20・315％まで下がります(2021年現在)。当然、手元に残せるキャッシュが大きく変わりますので、それも絡めて自身の資産規模を拡大していきます。

物件が実際に良いタイミングで売れるかどうか不安な方は、節税効果は薄くなりますが初回申告時に法定耐用年数を5年以上で申告するのもよろしいでしょう。実際のところ、耐用年数を長くする分には費用が減って税額が増えるため、耐用年数を長く申告することに対し指摘があったというお話は聞いたことがありません。私の知っているなかでも、耐用年数切れの木造物件を耐用年数6年で申告している方もいらっしゃいます。

そして追加購入・売却、そういった方法を繰り返して金融資産が手厚くなったあとは、減価償却が切れた物件でも、無理に売る必要はなくなります。

なぜなら、事業者としてやはり黒字会計であることを重要視する金融機関もありますので、償却メリットを享受したあとは、専業大家として黒字を出せるツールとして活用するわけです。減価償却なしであれば、多くの場合できちんと黒字をつくりやすいのも不動産賃貸業の特徴です。

以上をまとめると、投資初期における基本戦略は次のようになります。
①減価償却メリットで所得税還付＋物件単体のキャッシュフロー＋本業からの貯金で預金

残高をどんどん殖やしていく

②減価償却メリットが切れた物件は長期譲渡のタイミングで売却し、手元の現金を手厚くする

③償却資産を追加取得し、節税メリットを継続して享受できるようにする

④十分な節税効果を得きったあとは、キャッシュマシーンとして残しつつ、そこから得られるキャッシュフローを再投下して規模拡大

そこまでいければ、築古物件１００％のポートフォリオに、都心物件や新築物件といった高資産性の安定資産を組み入れていくという選択もアリになります。

これは私自身も実際に実践している方法ですが、現在の日本の税制・融資状況・市況において最速最短で資産を拡大する方法であることは間違いないです。

実際にこの方法で当社のお客さままでも実質的に専業大家としての属性を確立した方が10名弱いらっしゃいます。拡大ペースは人によってまちまちですが、再現可能な方法ですので、一つの指標としていただければと思います。

第2章のまとめ

1 不動産投資を始めるには、1000万円の自己資金をつくるのが先決。貯めるまでの期間は、不動産賃貸業者としてのマインドセットを育み、自分と向き合う最適な機会となる。

2 中古不動産を活用した節税では「減価償却費」が何よりも重要であり、これを理解せずに不動産投資を始めるのは危険。

3 個人は所得が増えるほど累進課税の影響で“サイレント出費”も急激に増える。不動産投資では、賃料収入とともに“サイレント出費”をどう抑えるかが鍵。

4 不動産投資にもリスクはあるが、手元にキャッシュを確保することでほとんどが対応可能。

5 まずは出費を食い止め、十分な節税効果を得たのちは物件を無理に回転させず、本当の意味で黒字をつくり規模をさらに拡大していく。

「キャッシュは王様」
減価償却を理解して
現金を最大化する

第3章

新築区分ワンルーム、中古1棟木造アパート……収益不動産のタイプ別比較

本章では、前半で不動産投資における商品力比較、後半からは築古アパートを用いた際の具体的な数字のお話をしていきます。

比較的分かりやすい例として、新築区分ワンルーム、中古区分ワンルーム、新築1棟木造アパート、中古1棟木造アパートの4タイプについて、モノとしての優秀さ、始めやすさ、収益力、安定性、節税効果の5つの視点から比較してみましょう。

その1【モノとしての優秀さ】

これは当然、中古に比べて新築のほうが有利です。

とりわけ新築ワンルームは、建つ場所がそもそも都心部で、駅から徒歩圏が多く、賃貸需要が多いエリアです。かつ、ターゲットは比較的所得が高く、高額の家賃を払える人たちです。

［図表7］　収益不動産のタイプ別比較

	新築１R	中古１R	中古１棟木造	新築１棟木造
モノの良さ	◎	○〜△	×〜△	△〜○
価格帯	2500万 〜4000万	1000万 〜2000万	4000万 〜1億5000万	5000万 〜2億
始めやすさ	○	◎	×（融資難）	△（大規模）
利回り	3〜5％	5〜7％	7〜10％	5〜7％
収益力	×	×〜△	◎	△
安定性	×	×	◎	△〜○
節税効果	△	△	◎	△

そうなると、郊外の中古物件と比べて1部屋あたりの賃料は3倍近くなることもザラです。同じ新築の木造アパートと比べても、アパートは郊外立地が多いので、1・5倍くらいは賃料差が出ることもあります。

また、区分ワンルームはRC（鉄筋コンクリート造）で建物構造もしっかりしているものが多く、かつ物件数が多い（例えば20戸の区分マンションは1つの物件に見えても投資商品としては20単位あり、1棟1商品単位の場合より市場に出る確率が高くなる）ので市場流動性も1棟ものと比べると相対的に高いといえます。

以上から、単純なモノとしての良さを比

較した場合、新築区分ワンルームに分があるでしょう。

新築区分ワンルームに次いでモノとしての価値が高いのは、多少年数の経った中古区分ワンルームになります。1棟アパートの資産性は土地の値段に大幅に左右されるので、土地が広かったり、路線価が高いのであれば、資産性という意味では金融機関の見方としては勝負できます。しかしながら、部屋対部屋で見た場合は、これは勝負としては明白です。

その2【始めやすさ】

これも区分グループが強いです。

必要な自己資金はさほど多くなく、よく「自己資金ゼロでも始められる」の売り文句でワンルーム屋さんが売り込んでいます。事実、1棟ものと比べると登記費用や不動産取得税も低く済むことが多く、パッケージローンも成熟しているので、条件にさえ当てはまれば預金が少額な若者でも簡単に購入できます。

ただし、そもそも区分ワンルームは金融機関が重視する積算価格があまり出ません。本体価格と積算価格の差額は本人の与信で埋めるほかにありません。なので、2戸目への拡大は難点があります。

RCの建物の再調達原価は平米約24万円（平成27年時点）といわれているので、25㎡の部屋の価値は約600万円になります。ここに共有持ち分の土地評価が仮に400万円出たとして、合計1000万円です。そんな値段で売り出されている新築ワンルームは、業者の我々でもほとんど見たことがありません。結局、その差分を埋めるために、仮に3000万円の物件の場合なら2000万円分の個人の信用を差し出していることになります。

金融機関としては、区分ワンルームへの融資はノウハウがある程度蓄積されていることが多いので、比較的融資には前向きですが、それが成り立つ理由はそういったところもあります。だから、簡単に始められても与信の枯渇によって次にはつなげにくいのです。

1棟ものへの融資については、2021年現在では正直、「渋い」の一言です。飛び込みで申し込んでもまずNG。自己資金が4割必要なんてケースすらあります。年収制限も相当厳しくなりました。

ただし、これは属性が十分でない投資家が体力がない状態で参入してしまい、結果として破綻してしまうケースを避ける効果もあるので、一概に悪いことではなく、ある意味、健全だと思います。

その3【収益力】

これは圧倒的に1棟アパートです。投下した金額に対する収益が段違いです。なかでも、中古は相対的な高利回りが期待できます。

一方、区分ワンルームでは管理費・修繕積立金等の確定出費が多く、毎月合計で2万〜4万円かかることが多いです。1棟ものは共用灯の電気代などはありますが、相対的に確定支出が少ない分、手残りも多くなりやすくなっています。

また、そもそも1棟アパートの場合は複数の部屋がまとまって存在するので、仮に賃料が新築の3分の1だったとしても、8部屋あれば収益力は区分ワンルーム1戸の2・6倍になるわけで、それだけで同じ時間あたりの収入は比べ物になりません。

不動産賃貸業は時間を現金に転換する側面が強いので、時間あたりの収入は少しでも高いほうが目的に即していると思われます。

また、借入金の返済が頭から抜けがちですが、区分ワンルームの場合、入居者から賃料を回収しても、返済後には毎月手元に最終的に残る金額が3000円しかない、あるいは毎月確定で手出しが生じてしまうなんてこともあります。当たり前の話ですが、経費差し引き後の収入に対してローン返済額が大き過ぎたら、そうなります。

その点、1棟アパートでは利回りが5％以下などの異様な低利回りで物件を購入してしまったり、収入額に対する返済比率を異常に上げてしまった場合（期間が短すぎる場合等）や入居率が極端に下がった場合を除き、返済後、逆ザヤになるケースはあまりありません。物件の購入時点で、借入金の返済額を逆算することによって損益分岐点はある程度計算が可能です。そういった点からも、毎月一定以上の金額がきちんと通帳に残りやすい、という特長が強い1棟アパートのほうがいろいろな面で収益力に優れています。

その4【安定性】

解約があった際の負のインパクトもだいぶ違います。1棟アパートで仮に8部屋だったとして、8部屋全部が一気に解約になるということはまれで、1部屋が抜けて一時的に収入が落ち込んでもほかの部屋で支えることができます。

しかし、区分ワンルームは1部屋単位なので、解約＝収入ゼロです。しかも、先述の管理費・修繕積立金は入居者の有無にかかわらず発生するので、空室期間は持ち出しになることが確定してしまいます。

不動産賃貸業はその安定性が売りですが、区分ワンルームだと〝丁半博打〟になってしまいます。

入退去については物件種別にかかわらず発生し、また新築ワンルームに住む層は、生涯そこにいるということは非常にまれです。属性が良い分、自分で住宅ローンを組んで出て行ってしまったり、逆に高い家賃が払えない属性になれば住居レベルを落としますし、結婚などのライフステージ変化によっても退去します。

その点、築古物件は、言い方は悪いですが「もう他所に引っ越さない人」というのも一定数存在し、各物件に10年以上住み続けている人がそれなりの数いるというのが管理を行っていて実際に感じるところです。

新築の場合と異なり、「住めるなら住みたい」ではなく、「そこに住まざるを得ない」といった側面もあると思います。次回の引っ越し費用がつくれなかったり、あるいは、その場所で生活基盤がすべて整っており、賃料も割安な以上はわざわざ他所へ出ていくだけのメリットがないというのもあるでしょう。ゆえに、瞬間風速としての賃貸需要は新築に分がありますが、いざずっと運営し続けるとなると、築古のほうが結果として安定感があります。

その5【節税効果】

これについては、圧倒的に築古木造アパートが優れています。

減価償却にかかる期間が、新築のRCと耐用年数切れの木造では文字どおり10倍以上違うのと、高所得者の場合、給与所得などに対して不動産所得の赤字を大きくぶつけたほうが当然ながら節税効果が高いからです。

区分ワンルームは、購入初年度は登記費用などで経費を多く計上できるため不動産所得が赤字になりやすいですが、2年目以降は帳簿上、減価償却費がそれほど大きく計上できないことから大幅な赤字帳簿をつくるのが難しく、手残りが増えている感覚はあまり得られないのに、不思議と不動産収支は黒字近くでまとまってしまうこともあります。もし赤字になったとしても数十万円程度の、規模感としてはたかが知れています。

一方、中古1棟木造アパートの場合は、売買契約時に売主と買主双方で合意し、契約書へ金額の内訳を明記するという条件はありますが、建物比率を高く買えれば減価償却費だけで確定赤字を意図的につくることすら可能です。※土地・建物の比率が極端な場合は、認められないケースもあります。

物件価格6000万円、うち建物4000万円、利回り10・0%だとして、この物件の満室時年間収入は600万円ですが、計上可能な減価償却費は年間1000万円です。実際に手元にいくらあるかにかかわらず、赤字帳簿が簡単に確定しやすいことはこのことからも一目瞭然だと思います。

すると、同じ投下額なのに、最終的な現金の手残りは大きく変わります。簿価の減少という側面はありますが、不動産所得が赤字なら経費と借入の元利金を返済した後の賃料収入は丸ごと手元に残せます。加えて損益通算による所得税の還付と両輪で、効率よく手元に現金を残すことが可能なのです。

節税効果の具体例と「変動と固定の両輪」

築古木造アパートの節税効果について、イメージが湧かないという方も多いと思いますので、図表で概略を説明していきます。なお、この内容についてはイメージの説明のため、数字は大幅に概算としております。正確性および節税効果を保証するものではありませんので、あくまでもイメージの説明、という前提で読み進めていただきますようお願いいいたします。

まず、減価償却を活用しながら高年収の方が不動産投資を行うと、結果的に収益不動産からの収入と、税還付の両方のメリットが享受できます。

この両輪を活用するには中古1棟木造アパートが最も効率的で、最小限の手間で知らず知らずのうちに出て行ってしまっていた税金を手元に残せます。そして早い段階で手元に残った現金を、さらに再投資して現役のうちに資産形成を終了させることができます。

次ページの図表の例でいうと、年収2000万円の方がフルローンを利用して1億円の中古1棟木造アパートを購入します。価格の内訳は、土地価格が5000万円、建物価格が5000万円です。利回りが9％とすると、年間の家賃収入は900万円です。

さて、帳簿上（不動産所得の計算上）では、諸経費100万円と金利の返済分（土地分にかかる金利は対象外）に加え、建物の減価償却費が1250万円（5000万円を4年で償却）、計上できます。その結果、不動産所得は赤字となり、これが2000万円の本業の収入と損益通算できるのです。損益通算による還付額は大きい場合だと約200万円にもなります。

［図表8］　中古1棟アパートを購入した場合の収支例

築22年超・木造

耐用年数4年

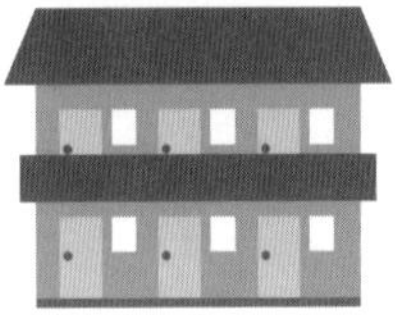

本業の年収：2000万円（損益通算可能な所得とする）
物件価格：1億円
うち建物価格：5000万円（売買契約書に明記する）
年間減価償却費：1250万円
家賃収入：900万円／年（利回り9.0%）
借入額：1億円、金利3.9%、期間30年、
　　　　元利均等返済

実際の年間収入	900万円
諸経費	▲100万円
元金返済	▲180万円
金利返済	▲385万円
支出計	▲665万円
税引前C/F	235万円
還付額	**200万円**
税引後C/F	**435万円**

会計上の年間収入	900万円
諸経費	▲100万円
金利返済 ※土地分の金利は計上不可	▲192万円
減価償却	▲1250万円
支出計	▲1542万円
損益	▲642万円
還付額 ※損益通算によって給与所得分が圧縮され、過納分が還付される	約200万円

※個人の状況によって還付額は異なる場合があります。

［図表9］　中古不動産がなぜ良いのか

不動産投資における最終的な収支は２つの要因で決まる

変動要因

賃料等の収入
（入退去・滞納等により
変化しやすい）

※金額は変わりうるが、毎月現金が入ってくる

固定要因

減価償却費を活用した
不動産所得の赤字・損益通算
による確実性の高い所得税還付

※還付は年１回だが、おおまかに予測が可能

↓

変動と固定の両輪がうまく組み合わさると
安定的な経営が可能

一方、実際の手元のお金の計算は次のようになります。家賃収入は９００万円で同じですが、そこから出ていくのは諸経費と元金返済、金利返済の合計６６５万円です。差し引き２３５万円が手元に残ります。さらにそこに、損益通算による還付額２００万円が加わるので、手元に残るのは結局、４３５万円となります。

不動産投資におけるお金の流れを左右する要因には大きく分けて、毎月入ってくるものの入退去などによる波がある賃料を中心とした「変動要因」と、還付は年1回ですがご自身の給与所得や事業所得から安定して戻ってくることが見込める「固定要因」

の2つがあります。
この両輪を組み合わせられることが、中古不動産のいちばんの強みなのです。

新築アパート利用時との比較

新築1棟アパートの場合は、法定耐用年数が中古の場合と比べて長い（木造の場合は22年）ため、節税効果は薄くなります。

具体的に比較してみましょう。ただ、すべてを再度なぞり直すのも冗長なので、先ほどと減価償却費以外の条件はすべて同じとします。しかしながら、計算結果を見れば差異は一目瞭然かと思います。

新築の場合、特筆すべきは不動産所得が黒字になるということです。そうすると、もちろん本業と損益通算した場合に所得が伸びるので、所得税・住民税が「不足」ということになります。そうすると、納税が発生しますので実際に殖えた現金からさらに少なくない額が出ていってしまうわけです。

［図表10］　新築１棟アパートを購入した場合の収支例

新築・木造

耐用年数22年

本業の年収：2000万円
物件価格：１億円
（うち建物価格5000万円）
年間減価償却費：227万円
家賃収入：900万円／年（表面利回り9.0％）
借入額：１億円、金利3.9％、期間30年、
元利均等返済

実際の年間収入	900万円
諸経費	▲100万円
元金返済	▲180万円
金利返済	▲385万円
支出計	▲665万円
税引前C/F	235万円
納税額	**▲94万円**
税引後C/F	**141万円**

会計上の年間収入	900万円
諸経費	▲100万円
金利返済	▲385万円
減価償却	▲227万円
支出計	▲712万円
損益	188万円
納税額　※1	94万円

※1　利益が出ているため納税する必要がある（所得税・住民税合わせて50％で概算計算）

最終的な税引き後の手残りは3倍強と、事業拡大を考え方の中心に据えた場合には、実に大きな速度差になることが分かります。

この税知識の有無が、これだけ大きな金額差になります。

イメージ論で投資先を選ぶと、どうしても新築優位と思いがちですが、こと「現金を手元に残す」という観点では、高所得者の場合は両者のうちどちらが望ましいかいうまでもありません。

不動産投資による資産形成のことを、資産性が大きな土地・建物を取得して貸借対照表を大きくすることだと思っている方も多いですが、これから資産形成に取り組んでいこうという初期ステージの方の場合、それより重要なことは「現金を殖やし、キャッシュポジションを大きくする」ことです。

もちろん億単位の現金を自在に動かせるところまでたどり着いた方であれば、実物資産に変えたほうがインフレなどに強いというリスクヘッジもあります。

ただ、そういう方は非常にまれでしょう。なので、まずはその領域を目指すためにも、現金を手厚くするほうが先決であり、それを効率よく、早く成しやすいのは中古1棟木造アパートです、というシンプルな構造のお話になります。

物件選びで勘違いしてほしくないこと

収益不動産を購入する際、融資（借金）を利用するために団体信用生命保険に加入することが一般的です。それを売り文句に、「生命保険代わり」として紹介しているケースがあります。

しかしながら、2000万円の生命保険は、掛け捨て型で40歳であれば毎月1万円以下の掛け金で加入できる保険会社も多く、支払う保険料以上のリスクも存在しないので、本当に借金と、借金により得られているものがバランスしているか、よく考えたほうがよいです。

業者が自分の売りたい物件を買わせるためにいろいろなアプローチを取ってくるというのはよくあることですが、いざ購入者の立場からすると実際の目的と手段が釣り合っていないというケースが、特に不動産投資の現場ではよく見受けられます。

「毎月5000円の維持費であなたもマンションオーナーに！」

例えばこのキャッチコピーは、逆ザヤ前提で物件購入をすすめているものです。

そもそも、投資はお金を殖やしたいから行うものという場合がほとんどではないでしょうか。実際に資産性が高い物件でこれをやり、将来的に確実に値上がりしそうなのでその売却益目的、という場合であれば問題ないでしょうが、毎月の賃料収入が欲しい場合は逆に「現金がどんどん出ていく！　なぜだ！」みたいなミスマッチが起きてしまいます。しかし、そうなっても借金は取り消せません。

そのあたりのリスクとリターンのバランスは、十分事前に考慮する必要があるでしょう。いろいろまとめると、中古1棟木造アパートが最高の商品なように見えてしまいますが、ただ、これはあくまで物件を買う順番の問題です。

自身の経済力をこれから伸ばしたい段階、または節税による引き戻し効果で現金が素早く貯まる年収の場合、中古1棟木造アパートが活きます。

ただ、すでに自分自身の目標に対し資産形成が完了している場合などは、資産性を最重要視して都心の区分マンションを購入してまったく問題ないと思います。

結局、単純な物件タイプの良し悪しではなく、目的に即した商品を選ぶのが一番なので、「こちらが良い、あちらは悪い」という二元論で考えるのは間違いです。

不動産投資におけるお金の流れ

物件タイプによる違いの概要をつかんだところで、次は不動産投資におけるお金の流れについてお話ししていきます。

自身では物件をもたず、借りてきた部屋を又貸しする転貸（サブリース）の場合を除き、基本的に不動産投資は以下のフローで進んでいきます。

①物件取得
②物件運用（毎月のお金の動き）
③確定申告（毎年のお金の動き）
④物件売却（または、取り壊し）

所有権が自分にある限りは、不動産投資（不動産賃貸業）は永遠に続きます。上物がなくなっても、固定資産税・都市計画税の出費は続きます。そういう意味で、土地をもつ限りは永遠に何かしらのお金の流れは発生するのです。

投資の成功・失敗を分けるのは極めて単純な指標で、物件売却が完了し、最終的に確定申告が済んだ時点で、①～④の総収支がプラスになっていれば成功です。

中古1棟木造アパートにおける段階別収支とトータル収支

では、それぞれどのような動きをするでしょうか。先ほどの中古1棟木造アパートのケースを例に、説明してみます。これについても概略の説明のため、厳密には実際と異なる部分もあるかもしれませんが、あくまでもアウトラインの解説としてお読みください。

条件を再確認しておきます。購入する物件の価格は1億円、表面利回り9・0％の築30年木造アパートです。借入条件は1億円のフルローン（期間30年、金利3・9％・元利均等返済）とします。建物・土地の金額比率は5：5、各5000万円です。

[図表11] 物件取得時の収支例

①物件購入時
1億円、業者売主アパートの購入例
お客さまの購入時費用（購入物件の価格の8～10％見ておくと安心）

登記費用	約175万円	※物件により変動あり
仲介手数料	0円	※仲介の場合、約336万円の仲介手数料が発生
火災保険	約75万円	※5年一括
印紙代	6万円	
予備費（融資手数料など）	約100万円	※かからない場合もあるが、悪い場合を想定
不動産取得税	約150万円	※物件評価により請求額には幅がある。購入後半年くらいしてから請求になる場合あり
合計	506万円	本体価格の5%、仲介の場合は約8.5%

上記以外にも、融資がフルローンでない場合は自己資金の持ち出しが発生
（例えば9割融資の場合は、購入額の穴埋めのために1000万円の出費が必要）

①物件取得

まず、物件を取得するときのお金の流れです。

当たり前ですが、物件を買えばお金が手元から出て行きます。そして、仮にフルローンだとしても、登記費用などは出て行きます。

なので、このときは、財布の中身はマイナスです。物件価格の8～10％程度は、確定で出て行くものだと思ってください。貯蓄が必要だという理由のうち、大部分はここにあります。そもそも、買った瞬間に破綻では話になりません。

あとは、不動産取得税は半年くらいしてから届くこともあるので、購入時にいきなり懐事情ギリギリまで現金を入れるのでは

なく、きちんと財布にお金を残しておく必要があります。

以上は財布についての話ですが、帳簿上の話は違います。帳簿上、土地・建物の購入価格は資産となり、経費にはなりません。しかし、登記費用等出費した額のほとんどは経費になります。確定申告時の話でまとめてお話しします。

②物件運用
計算の簡便化のために、最初から満室とします。

また、物件は簡素な造りの前提です。エレベーターがあったり、共用水栓があったりすると定額の出費項目が増えます。オーナー負担でインターネット設備を入れている場合なども同様です。

財布の中身の動きはシンプルで、貰った分から誰かに支払った分の残りが暫定的な手残りです（107ページ、図表12参照）。

本物件の場合、入退去や修繕トラブルなしで1年間過ごせれば、毎年240万円強、通帳残高が殖える計算になります。

［図表12］　物件運用時の収支例

収入（毎月）		支出（毎月）		
賃貸料	750,000	管理費	37,500	※一般的に賃貸料の５％、当社は０円（別途コールセンター維持費月300円／戸、清掃は実費）
		電気代	4,000	
		送金手数料	880	
		固定資産税 都市計画税	30,000	※年１回、約36万円を月額換算
		返済元本	150,500	※概算
		返済金利	321,500	※概算
合計	750,000	合計	544,380	

➡

毎月、財布の中に殖える最大額　20万5620円

※この殖えたキャッシュは何もなければ貯められます。退去などがあれば、原状回復費をこの積立から捻出します。居住中の設備トラブルなどに対応する原資もここから出します。

年間貯蓄可能最大額　246万7440円

③確定申告

1年間物件を運用したら、毎年確定申告が必要になります。

では、この物件を減価償却4年でやった場合、どのような収支内訳になるか見てみましょう（109ページ、図表13参照）。入退去なし、修繕もなし、その他経費もなしです。

実際に物件を運用している方からは「修繕費がかからないなんてあり得ない」なんてツッコミがあるかもしれませんが、これは便宜上の話なのでそこは大目に見てください。

財布から支出があったなかで、返済金の内の元本分と、金利のうち土地にかかった分は経費として計上ができないものとなります。※金利については不動産所得が赤字になる場合。

また、火災保険は取得時に一括で払っていますが、確定申告は1年で区切るため、年割りする必要があります。

ここで重要なのは、減価償却費の存在です。これまで大事といってきた理由が数字ではっきりと分かると思います。1250万円は、財布から出て行っていません。しかし、これが大きく寄与して、結局、不動産所得はマイナスです。

それで、本業の給与と損益通算します。計算のしやすさ優先で、便宜上マイナス640万円とおかせてください。

[図表13] 確定申告時の収支例

	項目	金額	
収入	賃料収入	9,000,000	
支出	管理費	450,000	
	電気代	48,000	
	送金手数料	10,560	
	固定資産税・都市計画税	360,000	
	返済金利	1,929,000	※不動産収支が赤字のため、土地にかかる金利は損益通算の対象外
	火災保険料（年額換算）	150,000	
	減価償却費	12,500,000	
不動産所得		▲6,447,560	

仮に本業の年収が2000万円の場合、ここに不動産所得のマイナス640万円をぶつけると、所得税の計算基準が下がるので、元の所得税約370万円が約170万円の納税でよかったことになり、納め過ぎの約200万円が還付されます。これは家族構成やその他控除、社会保険料の厳密な計算などによっては十万円単位でブレますので、あくまで概算としてとらえてください。

これがほかの投資にないミソです。「損益通算可能な所得が高い」「減価償却費を大きく活用する」。この2つを満たせば、この200万円は確定収入になります。入居率0%でも、その場合は赤字がより膨らみ結果として納付済の所得税約370万円から戻って来る額が増えるというわけです。今回の借入条件だと流石に返済をすべてまかなえるだけの分のプラスは出ませんが、借入条件が抜群に良ければ、賃料0円でもどうにかなるというわけです。

仮に不動産所得の赤字を本業以上に出せれば、理屈のうえでは所得税がすべて戻ってきます（厳密には各種控除の兼ね合いもあるので、実際の必要赤字額は異なる場合もあります）。

さらに、所得が押し下がれば翌年の住民税も下がります。「サイレント出費」の逆で、「サイレント支出ブロック」になるわけです。

ただし、副業禁止の企業にお勤めの方で住民税が下がり過ぎると、源泉徴収手続きの関係上、経理労務担当者には伝わります。同じ年収の同僚と比べ、極端に住民税が下がってしまうからです。基本的にそれでおかしなことが起きたという話は聞いたことがありませんが、100%問題ないという保証はできかねますのでお気を付けください。

さて、ここまでの話のとおり「完全満室、年収ずっと2000万円」を4年間続けると、確定申告のタイミングでは都合4回の合計で800万円税金が戻せているはずです。

5年目は減価償却がなくなって不動産収支が黒字になる可能性が高く、そうなると納税が発生するので実入りが減ります。なので、のちに説明する拡大路線で償却資産を切れないようにもち続けるのが重要になります。

④物件売却

物件を新たに所有してから、お正月を6回迎えると個人所有の場合は譲渡所得税率が39・63％から20・315％へと半分近く下がります。

このときに生じていることは、次の2つです。

・建物の残存価格が1円
・残債は約9000万円（返済62回完了時）

ここで、売却額は購入時と同額の1億円とします。諸経費は売却の5％を見込みます（かからない場合もあります）。すると、売却時のお金の流れは次のようになります。

売却額1億円－諸経費（測量・印紙・仲介手数料・抵当権抹消費用等）500万円－残債

9000万円＝通帳に500万円現金が入る

譲渡税＝（売却額1億円－諸経費500万円－簿価5000万円）×20・315％＝915万円の譲渡所得税

500万円（売却時手残り）－915万円（納税）＝マイナス415万円

長期間の融資を引いた状態で、早い時期に売却すると結果的に瞬間風速的に現金のマイナスが発生することがあります。

なので、長期譲渡になったからすぐ売却、というよりは償却資産を積み増して上書きし、8年くらいで売却をすると同額売却でも現金はプラスになります。

100回返済前提で前の計算をすると、次のようになります。

1230万円（売却時手残り）－915万円（納税）＝プラス315万円

ただし、建物の簿価がなくなったあとについて、物件売却時のプラスにこだわっている期間には不動産収支が黒字化しやすく、納税によって現金収支がトントンになる場合もあるので、あとはどちらを呑むかという話になります。そのタイミングは状況に応じて選択するのがよいでしょう。

最終収支を読み解く

では、①～④を集計し手元の現金の最終収支を読み解きましょう。

オーナーは年収２０００万円のままの想定です。また、概略をザクザク解説していくために、細かな数字はかなり大胆に丸めていますので、正確性の確認というよりはイメージの確認ということでお願いいたします。

①物件取得
　マイナス５０６万円
②物件運用（家賃収入）
（１年目～５年目）２４５万円プラス×５年間

③確定申告（税金還付・納税）
（1年目）300万円還付　※取得時経費の効果で他の年より赤字幅が大きくなる
（2～4年目）200万円還付×3年
（5年目以降）170万円納税　※不動産所得約420万円に所得税率40％を乗じた概算
④物件売却
62回返済・同額売却　415万円マイナス

結局、現金の入りの総額が2125万円、現金の出が1091万円、都合1034万円のプラスが最大値であると見積もることができます。

もちろん、入退去でリフォーム費などの出費があるとこの1034万円は減っていきます。しかし、本業とはまったく別の収入である性質から、多少の変動があってもプラスでさえあれば生活に差し支えが生じることはありません。そして経営面については、管理会社を間に入れれば、自分の労力は確定申告くらいのものです。

経営センスをそこまで問われることなく、5年後には最大で1000万円近い貯金がつくれていると考えると、これはすさまじいことではないでしょうか。物件からの賃料収入は「絶対に手を付けない」というのがポイントです。

いちばんありがちなのは、運営中に多少、入退去があったり、長期入居者から賃料交渉があったりした際に異常に神経質になってしまうことです。また、出口戦略の際に買った金額以上で無理やりに売ろうとすることです。

瞬間、瞬間のところで浮き沈みはあります。しかし、肝心なのは事業総収支なので、些末な案件に対してはどっしりと構えましょう。間違っても管理会社等のビジネスパートナーに必要以上の圧を掛けることはおすすめしません。

結局、不動産投資は時間の投下が最小限で済むというのは、ほかの誰かの労力を買っているということです。協力者にへそを曲げられてしまったら、不労収入として、本業のかたわらで行う事業としての体裁を保てなくなる危険があります。

さらに、出口戦略は確実に取れることのほうが重要なので、大損をしない範囲で売却額は柔軟に構えたほうがよいです。必要以上に高値売却を狙うと、結果的に買い手がつかなくなりますので、そのあたりは運用中の利益、そして確定申告時の所得税戻りまで十分考慮した状態で、損得を判断しましょう。

早めにリスクを取れば、その分リターンも得やすい

「不動産投資にはリスクがあるからやめたほうがいい」。これも一つの意見だと思います。ただ、先ほどの計算結果に基づくと、株の売却でも、ほかの投資商品でも、なかなか築古1棟アパートほどの運用益を安定して出すのは難しいのではないでしょうか。しかも、賃料収入からの手残りは、借入から生み出した収益のためレバレッジ効果も受益することができています。

レバレッジを掛けて融資を引っ張るという観点からも、あるいは有事の際の備えという観点からも、現金が手元に多く残っていて損をするということはほとんどないと思います。

結局はリスクリターンの話に集約されますが、早めにリスクを取れば、その分のリターンが得られやすくはなります。数字の実際の動き方についてモデルを説明してきましたので、あとは個々人がどうするかを選ぶ話かと思います。

一つ私の考えとしてあるのは、不動産賃貸業は時間をお金に換えるビジネスモデルなの

で、もし始めたいのであれば少しでも早く始めるほうが結果的に効果的であると思います。

ただし、そのために無理をしても良いことはありませんし、もちろんノーリスクの投資商品というわけでもありません。結局「身の丈に合った」物件選びが最も重要です。

第3章のまとめ

1 タイプ別に比較した場合、モノの良さは新築、始めやすさは区分マンションが優れるが、収益力と安定性では1棟アパート、さらに節税効果では中古1棟木造アパートが断然、優れる。

2 損益通算可能な所得が高い人は、確定申告時に減価償却費を大きく活用でき、所得税の還付を得やすい。

3 手元の現金を効率よく早く手厚くするにはやはり、区分マンションや新築アパートより、中古1棟木造アパートが優れている。

4 「不動産投資は時間の投下が最小限で済む」というのは、ほかの誰かの労力を買っているということを忘れてはならない。

5 不動産賃貸業は時間をお金に換えるビジネスモデルであり、始めたいのであれば少しでも早く始めるほうが効果的。

金融機関と上手に付き合いながら、
年収に応じて資産規模を
着実に拡大する

第4章

自分は今どこにいるのかを認識する

第1章の冒頭で、「資産形成は山登りと一緒だ」と申し上げました。

本業の収入が高いプレイヤー（投資家）は、最初からバスである程度高いところまで登って、そこからスタートできます。逆に、属性が高くないプレイヤーは麓の1～2合目からコツコツ自分の足で登っていかなければなりません。

投資においては、属性が高くなくても、自己資金があまりないとしても、それが問題なのではありません。最も危険なのは、こうした自分の属性、自分の現状についての認識に甘えや勘違いが入ることです。

そこさえ間違えなければ、必ず成功への道筋がありますし、多少、時間はかかるかもしれませんが、大丈夫です。

第2章で述べた「余裕資金1000万円」は、不動産投資を行うために最低限、必要な条件です。なぜなら、本気の不動産投資においては金融機関からの融資によるレバレッジは必須であり、金融機関から融資を引くエビデンスの最低ラインとしても、まとまった貯蓄額が必要です。

そこまで準備が終わったら、次から示す年収別の具体的な方法で資産拡大を行っていきます。なお、融資条件などについては2021年現在のものであること、予めご承知おきください。

ロードマップ1【年収700万~1000万円編】

現状が年収700万~1000万円の場合、当面目指すべきは、総投資額1億円、アパート2棟、年間賃料収入800万~900万円という地点です。

まず1棟目ですが、これは「静岡銀行のフルローンで融資期間30~35年」が絶対条件です。なぜかというと、自己資金の持ち出しが最小で、かつ融資期間が長いからです。

よく、「1棟目をどうしても買いたいから融資条件は何でもいい」という方がいらっしゃいます。そういう方には、「確かにそれなら1棟目は買えますけど、2棟目は買えませんよ」

とお伝えしています。

昨今、借入がない人の1棟目の融資先として、オリックス銀行や香川銀行を紹介するケースが他社で増えています。しかし、これらの金融機関はフルローンを出さない方針のため、物件購入に際し価格の1~3割が必ず手元から出て行きます。5000万円の物件なら、諸経費として8~10%(400万~500万円)のほかに、さらに500万円から1500万円が求められるということです。

毎年それだけ貯金が簡単につくれるならよいですが、これから不動産投資を始めようという人でそこまで現金が手厚いケースは少ないです。

勢いで物件を買ってしまい、気づいたら元の貯金額に戻るまで10年かかってしまう。それでは何のために不動産投資を始めたのかよく分からなくなってしまいます。

不動産投資のスタート段階の目的は、「手元の現金の最大化」です。そうなると、1棟目はフルローンの静岡銀行一択となります。

ただし、静岡銀行では土地値が重要で、8~9%程度の利回りも必要です。不動産会社も選定しており、登録業者でないと融資NGです。

フルローンで物件を購入できると、5000万円の物件でも登記費用や融資手数料、火災保険などでの現金支出は５００万円以下で済むことがほとんどです。また、仲介で買うと手数料で現金が出て行きますから、業者売主物件でリフォーム済みが望ましいでしょう。極端に現金が目減りしなければ、再度貯め直すまでの期間も短くなります。

そして、購入初年度は諸経費で大きく赤字が出やすいですが、逆にいうと節税に必要な分以上の赤字を出す必要もありません。

なので、１棟目を買ったらすぐ次へ、といきたくなる気持ちも分かりますが、購入時の諸経費は各年度の確定申告にバラしたほうが有効に活用できます。もし運よく1年で2棟買えそうでも、必要以上の赤字はむしろもったいないです。特に還付される所得税も極端には高くないこの年収帯（年収１０００万円未満）の場合は、まずはいったん我慢です。

そのあと、２棟目は翌年度以降に三井住友トラストL&F、またはオリックス銀行・香川銀行で融資期間を長く引くこと（25年以上）を最優先に借入を行います。

この際は、融資額は9割程度が上限となるため、1~2割程度の自己資金は必要です。物件規模は1棟目と同じかやや小規模の３０００万~５０００万円をターゲットとします。その購入まで終わると、本業と比べても遜色ないだけの収入規模になります。

そうすると、物件により多少の前後はあるでしょうが、極端なトラブルがない限りは本業からの貯金だけではなかなか到達が難しいレベルまで、手元に現金がしっかり残せるようになっているはずです。

そこまで行くと、額面上のところでは年収700万円台だった方も一つ上の経済規模になってきます。そこまで進んだら、次のステップです。既に借入を行っているというハンデはありますが、貯蓄額や事業者としての評価を絡めながら、次のロードマップ2へ移行していきます。

なお、当初より給与などの所得が高い方は、ロードマップ2以降のステップからのスタートも可能です。

資産形成を山登りに例えるなら、年収が高い方は最初から5合目くらいまでバスに乗って行くことができます。年収があまり高くない場合は、麓から頑張って歩いて行く必要がある、ということです。

ロードマップ２【年収１０００万〜３０００万円編】

この年収帯の方の場合は、そろそろ累進課税による所得税が重くなってくるタイミングです。なので、１発目から「１億円・木造・法定耐用年数切れ」を狙います。

年収２０００万円の方の場合は、前章で説明した内容を、実際に自分に適用するイメージです。利用する金融機関としては、２０２１年現在では静岡銀行・オリックス銀行・香川銀行が中心にはなりますが、先述の理由と同じく極力、静岡銀行を選択していきたいところです。

１棟目の購入を思ったような条件で達成できると、４年間の途中経過までで、購入時諸経費を差し引いても本業以外から１０００万円近くは手元につくれるはずです。

また、その道中で本業からも頑張って年間２５０万円を貯められれば、４年間合計で２０００万円ができます。そして、経営がある程度安定してきたタイミングで、特にサラリーマン属性の場合はパッケージローンの融資上限まできっちり使い切るために、物件を追加で購入します。このときに買える物件規模はそれぞれの状況によって異なります。

また、パッケージローンを使い切った後は三井住友トラストL&F、セゾンファンデックスといったノンバンクの融資枠を使います。そこまで使い切れるころには、3~6棟程度の物件規模になっているはずです。そして売却なども絡めながら金融資産が手厚くなってくると、属性的に多くの地銀が振り向いてくれるようになります。ただし、地銀・信金は期間があまり延びません。返済期間15年程度、金利2・0%前後が相場です。


それ以降のルート分岐としては二つあります。

一つ目としては5~6年のサイクルで物件の入れ替えを行いながら償却資産を常に手元にキープし、同じような規模を安定的に保ちながら本業からの貯金・税金還付・家賃の残りを貯め続け、結果的に10年後に5000万円~1億円をつくり、そのあとで地銀・信金と付き合うという方法です。

もう一つは、運営期間中の瞬発的な成長速度は落ちますが、地銀や信金の条件を早い段階で呑み、しかも自分で返済できるギリギリまで返済期間を短く取って、元本をガンガン返済していくという方法です。

前者はイメージしやすいと思いますが、後者はあまりイメージできないかもしれません。これはかなり特殊戦術ですが、借入元本を一気に返していけば、売却時に手元に残せる金額が大きく変わります。なので、どうせ融資期間が長く取れないのであれば、いっそ毎月のキャッシュフローには目をつぶりトントンでやり過ごし、現金の増加は確定申告の際の還付に頼るとして、長期譲渡のタイミングまでひたすら耐え忍び、売却時に一気に現金を回収するという方法です。

また、不動産に対する融資はかなり時期性があるもので、今はだめでも数年後に一瞬融資が緩んだり、そういうタイミングが巡って来ることがあります。そういうときには小規模な物件の取得を挟むのもありだと思います。

いきなり1棟目で1億円は怖い、という方も結構いらっしゃいますが、じゃあ1000万円の2世帯アパートから始めたとして、賃料収入の面からも節税の面からもなかなか効果は得にくいです。この年収帯の場合は所得税還付を無視するやり方は決して効率的とはいえないので、基本的にはパッケージローンを活用して大型物件を運用しつつ、自分の年収・金融資産の属性が上がってきたら、「なかなかお付き合いできない金融機関」から優先して借入をしてみるのが、将来的な拡大の目線からいうといちばん良いと思います。

この年収帯は、社会的に見れば属性はありますが大金持ちともいい切れない、いろいろな金融機関が融資対象として見てくれるかどうかのちょうど瀬戸際の属性なので、意図的に接触機会をつくりに行って借入と返済の実績を積み重ねることも重要です。

特に40代後半~50代以降の方については、将来的には仕事を定年になっても（あるいは自営業者の場合は自身が事業の第一線から退いても）専業大家としての属性だけで借入をし続けるために、その下地をつくる段階として、一本は地銀・信金での融資と返済の実績が欲しいところです。

ロードマップ3【年収3000万円以上編】

この段階の年収の場合、年間に納めている所得税が700万円を超えてきている場合がほとんどです。

なので、やはりここも1棟目から大きな物件を狙って一気に所得税還付で預金残高を殖やします。1案件で年間3000万円以上の不動産赤字を出すのは難しいため、極力大きい案件を狙いつつ、使える金融機関をフル活用して木造アパート、あるいは軽量鉄骨アパートを一気にかき集めます。

そして無事、所得をつぶし切ることができれば、還付を700万円×4年、またこのくらいの年収の方であれば流石に本業から年間500万円は貯められると思うので500万円×4年、当初の購入時諸経費を除いて考えれば4年で4800万円を手元につくることができます。

また、これは賃料の手残りを考慮していない数字になるので、よほどのことが起きなければ賃料収入からもまとまった金額を安定してつくれるようになっているでしょう。

そこまでいくと、3000万円以下くらいの小ぶりの物件を現金で購入できるようになります。そうしたら、その物件を共同担保に入れることで自身の融資の限界値を上げることができ、さらに物件を買い続けることができます。

まずもって、現金であれば不動産の融資が緩いだの渋いだの、そういった市況に一切影響を受けなくなります。
つまり、大きさにある程度の制限こそあれど、キャッシュマシーンを無限に購入し続けることができるというわけです。

本書の冒頭で触れましたが、
①賃料収入を含めて自身の年収を上げる
←
②所得税還付&物件からの収入&本業からの貯金で手元の現金を手厚くする
←
③資産を入れ替えながら、最終的には「現金買い」&「共同担保」戦略でさらに資産規模を大きくしていく
←
④目標の資産形成が完了したら都心RCや一等地の区分マンションなどの安定資産へシフト、あるいは好みと合致したならさらに築古物件を買い進めても良し

という、無限拡大の仕組みはこうやって再現性のある方法で実現ができます。

「現金でアパート買いは夢物語」というのは、確かに高年収を目指さないやり方であればそうです。さらに、何も考えずに物件を買ってしまうと絶対に達成できない領域にあります。

しかし、実際にコツコツと自分の属性を上げ、税金還付スキームを活用し、手元に現金を残すよう意識する。そうして一定以上の規模に至れば、あとはどうにでもやり方はあるということです。

もちろん1年でここまでには至らず、早い人でも5年近くはかかると思います。もっともっと時間がかかるのも一般的です。しかしながら、裏を返せば本気で目指しさえすれば20年もあればだれでもこの領域には至れるということです。

実際に当社のお客さまで、現金で物件を購入された事例をご紹介します。皆さま節税＆規模拡大を同時に満たしたい目的のため、いずれも法定耐用年数切れの物件です。

・木造アパート（１ＤＫ８世帯・相模原市）　４２９０万円
・木造アパート（１Ｋ９世帯・横浜市）　５９００万円

・軽量鉄骨アパート（3DK6世帯・茅ヶ崎市）　4180万円　ほか多数

これを成した皆さまは、不動産投資開始時はおよそ年収1500万～3000万円の外資系サラリーマンが主でした。

それが今では、不動産まで合算すると年収7000万～1億5000万円まで規模を拡大し、しかもそれを7年ほどで達成した方がほとんどです。

彼ら彼女らが行ったことはいたってシンプルで、単純に本書で説明した内容をその時世に合わせてアレンジしつつ、なぞっただけです。

私自身もこの方法で資産を拡大しましたし、お客さままでも決して少なくない数の方が「融資の縛り」から脱却されました。本気になれば、文字どおり再現可能な方法ですので、一つの参考にしてください。

「毎月10万円の収入があればいい」という方へ

ここから先はおまけです。

これまで散々、大きな規模の話をしてきましたが、実際問題のところ「不動産投資にがっつり足を突っ込む気はなく、でもちょっとだけ収入が欲しい」と思っている方も正直いると思います。では、これを実現するにはいったいどのような手段でアプローチしていけばいいでしょうか。私の考えをご紹介します。

はっきりいって、この規模感であれば借入を起こす必要すらありません。

現金を手元に700万円くらい用意し、200万円ほどの中古の戸建て（木造）を現金で3棟買います。あとはそれぞれ毎月4万円の賃料で貸し出せれば、4万円×3棟で毎月12万円です。火災保険料や固定資産税などを差し引いても、毎月10万円くらいは手元に残るでしょう。これで完成です。

もちろん都内23区などではこういった値段の物件は出てきませんが、地方であれば、根気強く探せばこの条件で十分見つかります。たったこれだけで、月額手残り10万円という目標は達成できるのです。

実際の管理運営にはノウハウが必要なので、この方法で誰にでもすぐ、簡単にできるというつもりはありません。ただ、貯金さえ頑張れば、あとはやる気次第ですぐ達成できるということがお分かりいただけたでしょうか。

「どうしてもアパートでやりたい」という場合には、3000万円で利回り9％程度の物件を、ローンの返済比率50％程度の条件で借入を起こして購入する、という方法もあります。しかし、月額手取り10万円という程度であれば、借入というリスクを冒す必要は正直、ないと思います。物件を現金で買えれば、納税などの出費はありますが、最大の出費項目である借入金返済が発生しないので経済的破綻は相当起きにくいです。

不動産投資を紹介する本でこういう言い方をするのも変かもしれませんが、極小規模の成功を目指す場合には、必要以上のレバレッジは不要です。

アパートはあくまで規模の勝負をかけやすい商品だというだけの話なので、必ずしも資産形成を成すための万能かつ安全な装置ではない、ということも頭の片隅に置いてください。

第4章のまとめ

1 不動産投資を今から始めようという人なら、まず1000万円の自己資金をつくるのが絶対条件。

2 年収700万～1000万円の人は総投資額1億円、アパート２棟、年間賃料収入800万～900万円を目指す。1棟目はフルローンで融資期間30～35年が絶対条件。

3 年収1000万～3000万円の人はまず1億円・木造・法定耐用年数切れを購入。家賃収入と税金還付、本業からの貯蓄で買い増しつつ、専業大家の下地をつくる。

4 年収3000万円超の人は1棟目から大きな物件を狙って一気に所得税還付で預金残高を殖やし、現金で物件を買い続けられるレベルを目指す。

5 月額手取り10万円なら、借入は不要。現金で1棟200万円ほどの中古戸建てを３棟買って貸せば十分。

融資の限界突破!!

「物件を買い続ける」効率良い方法

第5章

融資の限界突破の秘策は「共同担保の提供」

さて、ここまで主に不動産賃貸業の規模拡大に焦点を絞って方法論をお伝えしてきましたが、では実際にどのような物件でポートフォリオを構築していくか、という点が問題になります。

ズバリお答えすると、「共同担保になり得る物件」で固めていくことをおすすめします。

というのも、物件を買い進めるにあたっては借入が必須なことは再三述べてきていますが、その途中でどうしても借入額が融資上限に近づいてくると、金融機関の見方がどんどん渋くなってきます。

この傾向は3～4棟目を買い終わったあたりに顕著になり、「この間、融資したばかりなので、次はまた3年後くらいにご相談ください」という断り文句を連発されるようになります。これは物件評価と与信の差を埋めきる余力がなくなってきている証拠で、そのときに効果を発揮するのが共同担保の提供です。

ごく一部の金融機関でしか通用しない方法でもありますが、逆にいうと限界突破のためにはとても効率的な方法です。

しばらく抱えている予定の物件であれば、共同担保として提供し、抵当権でぐるっと巻いてしまっても特に問題ないはずです。なので、事業規模拡大の過程においては区分マンション、土地値が出ない物件（市街化調整含む）、地方物件などは避けたほうがよろしいと思います。同じ額の借入をするなら、伸びしろのある借り方をするほうがよいからです。

では、どんな物件が共同担保にしやすいかというと、これはシンプルに土地の値段が出る物件です。積算価格でもよいですが、最初にそういった積算の出るRCなどを買ってしまうと早めに資金的な意味で手詰まりが来ます。

そこで、節税効果の高い築古木造物件を選ぶことになりますが、その場合は上物の評価が0円ということも多く、頼れるのは土地値だけ、ということになります。

その際に利用される評価方法が、路線価です。これは一般の方でも（相当見づらいですが）、国税庁の財産評価基準書のページで調べることができます。もし不動産業者が知り合いにいる場合は、たいていの業者は路線価を簡単に調べられるシステムを入れているはずなので頼んでみるのもよいでしょう。

さすがに路線価ピッタリ、あるいは路線価以下で買える物件は、我々業者でもそうそうお目にかかることはできません。ですので、「物件価格の6〜7割くらいは土地値がある」物件を優先的にポートフォリオに組み入れていくのがよいです。この際、売買契約書で取り決めた土地・建物の金額比率と路線価の額は関係ありませんのでご注意ください。

最終的に現金買いを目指したい理由はここにもあります。現金で買ってきた物件は当然無抵当なので、共同担保として評価するのが非常に容易です。

ただし、現金で買った不動産ならなんでもいいというわけではなく、100万円の区分ワンルームでは評価をしてくれないケースもあるので、やはり土地付き建物でそれなりの規模感は必要です。

［図表14］ 国税庁 「財産評価基準書　路線価図・評価倍率表」

サイトトップ

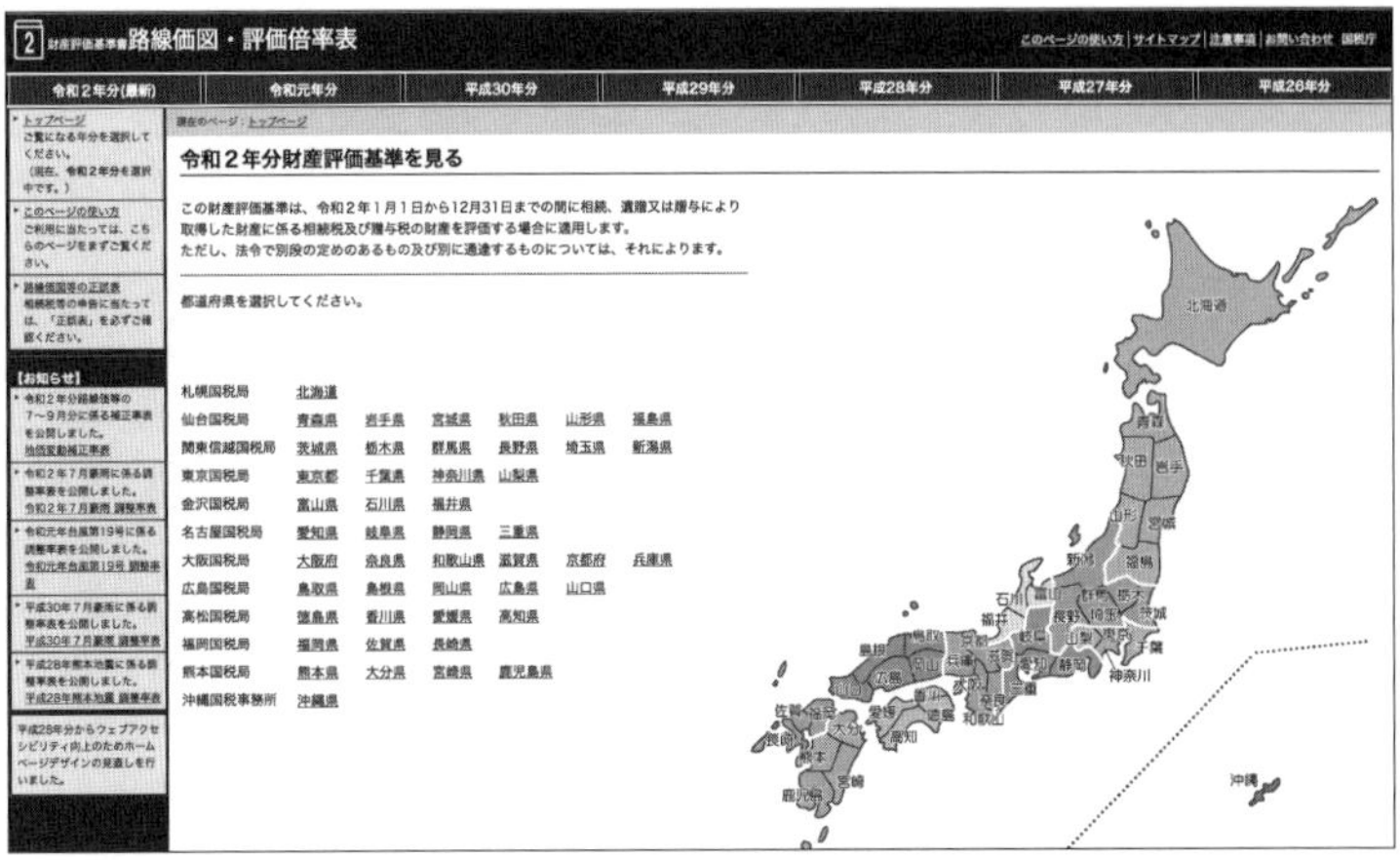

路線価図の例

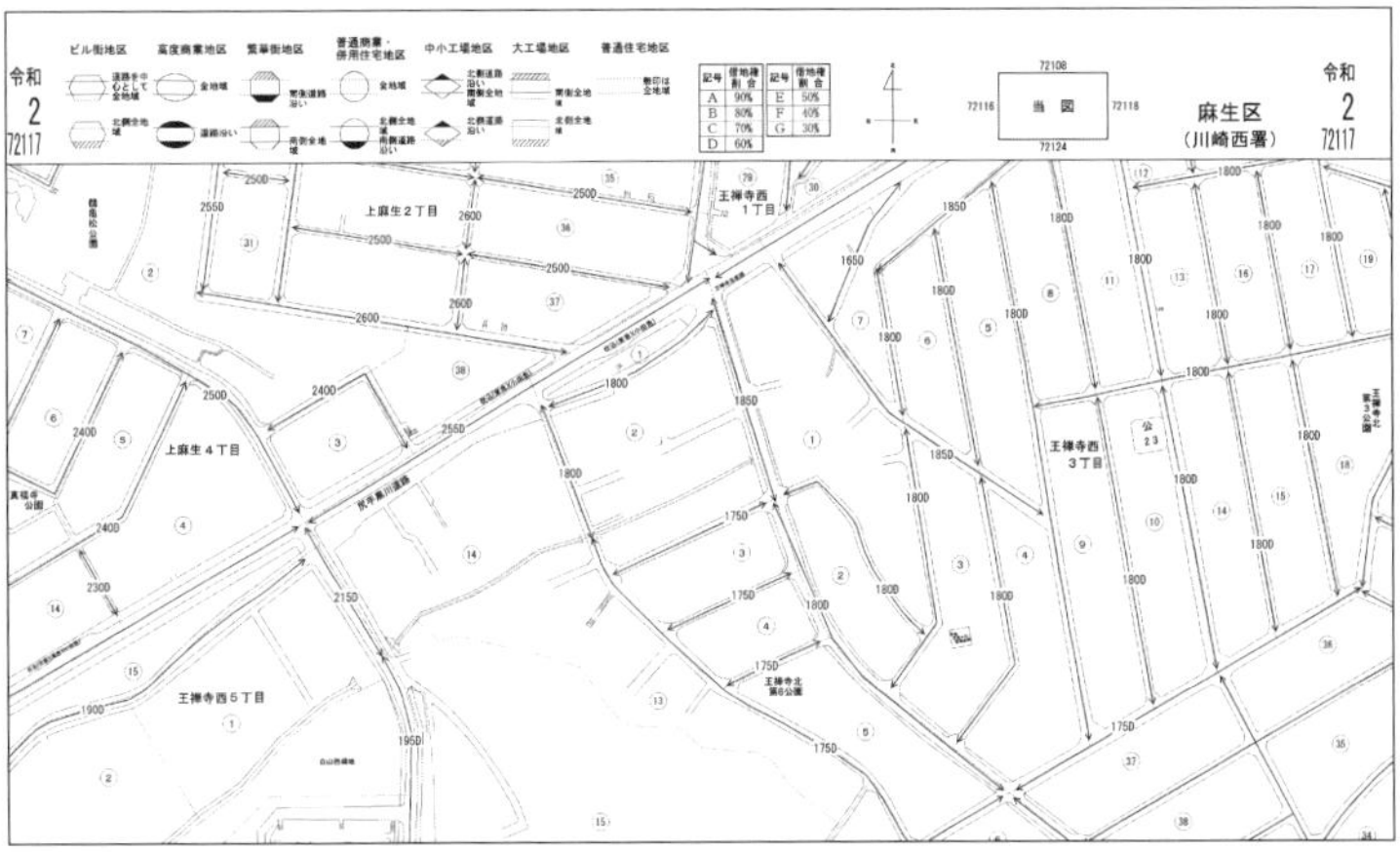

「売ってもいい、もっていてもいい」が理想の物件

また、物件選びのもう一つ大事なところとして、「売ろうと思ったときに売れる場所」を選ぶのも重要です。これは不測の事態が発生した際に、緊急離脱ができるかどうか、つまるところリスク回避ができるかどうかに大きく関わってきます。

２０２１年現在の市況はとても参考になるところもあり、現在の市況でも融資が出て物件を買えるということは、裏を返せば「自分と同じ属性の人なら、さらに劇的に融資状況が悪くならない限り買える」ということです。

あとは年収帯による絶対数の問題による確率にはなりますが、当社所有物件をご紹介する場合は金融機関2行以上が融資可能な物件、あるいは戸建て分譲用の土地として出口が見える物件のみをご紹介しておりますのでご安心ください。

一方、超高利回り物件でも市街化調整区域だと、仮に物件が倒壊したりして建物の価値

がなくなった場合、土地そのものの価値が出ないので非常に困ったことになります。再建築不可の場合も同様です。借地権の場合も似たようなものです。

つぶしが利きにくいというのはやはり相当不利な要素で、買い手がつくのかどうかまったく分からない、あるいは再活用がほぼ不可能な物件は、よほど特別な要素があって勝ち目がある場合以外は避けたほうが無難でしょう。仮に建物が燃えたとして、それで土地の価値も0円では目も当てられません。

そんなことあり得ないと思っていることでも、あり得てしまうのが実際に事業をはじめるということですので、基本的には損切可能な、きちんとまともに接道している、土地として再利用価値がある市街化区域の物件を選ぶのが一番です。さらに、2行以上の金融機関が融資可能であれば片方のルールが変わってもヘッジが利くので、なお良いです。

そしてここでポイントは、実は駅徒歩はそんなに重要なパラメータではないということです。

もちろん賃貸需要は駅に近いほど高い傾向はありますが、今は収入の二極化が進んでいるので、「遠くてもいいから、安くてきれいで、できれば広めな部屋に住みたい」というニーズが底堅くあり、中古築古アパートを活用した投資の活路はそこにあります。修繕リスクは駅徒歩1分だろうが20分だろうが、変わりません。入退去も絶対に発生します。

むしろ、駅から徒歩で近い物件を選ぶのは単身赴任での一時暮らしや、家賃と自分の経済力がバランスしていないちょっと無理してしまっている層も多く含まれるので、今回のように世相が悪くなったりすると急に賃料が払えなくなったりします。土地も狭いという特性から単身物件も多く、どうしても入退去が発生します。そういう意味では負のリスク量は一緒です。

そして、駅から徒歩で多少遠かろうが将来的に宅地として戸建が建てられるなら、路線価より少しマイナスまで価格を下げればデベロッパーや建売業者が買ってくれます。

当社近くのエリアだと、例えば神奈川県綾瀬市などは一つも駅がない自治体ですが、運送拠点や倉庫などたくさん勤め先があることから、戸建を建てたい需要も賃貸需要も底堅くあり、実需用として土地の流通性もそれなりにあります。そして、路線価も周辺自治体と比べて決して安いわけではありません。担保価値も十分出し得る土地が多いです。つまるところ、素人目線から良いと思える物件と、金融機関などのプロが評価する物件は別物だということです。思い込みにとらわれず、何が重要な指標なのか頭に入れておくと、物件の選び方が変わってくると思います。

「売ってもいい、もっていてもいい」の理想形は、超高利回りかつ、首都圏であれば国道16号線の内側で流動性のある再建築可能な物件ですが、そんな物件はなかなか見つかりません。なので、利回りは普通の物件でも、売買金額と比べて土地の評価額が十分に出ることと、ここを意識すると本当の意味で資産性の高いポートフォリオが組めるかと思います。

毎月100万円の手残り収入ができたら、切り売りスタート

所有物件をバイアウトしていくタイミングは、全物件合計で毎月100万円の手残りがつくれるようになってきた段階が一つの基準です。

不動産投資の神髄は毎月安定的に収入が入ってくるところにあり、物件運営の諸経費支払い後、金融機関への返済後に100万円が毎月残る状態だと、それ単体で普通の会社勤めよりも高い属性になることがあります。

ということは、これが不動産賃貸業者としての基準ラインというところになります。も

ちろんリスクもあるのでセミリタイアするには心もとない収入ともとれますが、金融機関的にはここまでくれば一人前の事業者として見てくれます。特に信金など地元密着型ならなおさらです。

物件を売却すると一時的に大きい金額が入ってきたような気分になりますが、結果的に未来分の収入と、自身が拡大してきた事業規模の切り売りになります。なので、特に一度キャピタルゲインを得てしまった人は売却中毒みたいになることがありますが、本質はやはり家賃によるインカムゲインの蓄積と税金のコントロールです。

また、毎月100万円の手残りをつくる頃には、順調にいけばだいたい1棟目や2棟目あたりが長期譲渡のタイミングに入っていると思いますので、資産入替という意味でもちょうどいい時期です。

将来的に事業者としてまっすぐに規模拡大をしたい場合は、「月額返済後の手残り100万円」への到達が第1チェックポイントです。

そこまではじたばたせず、真面目に貯蓄をし、戦略的に借入を起こし、コツコツ物件を買い進め、税還付の効果を享受してください。

キレイな物件をもつのは資産形成が終わってから

新築や都心立地のＲＣマンションはいちばん最後、例えば定年退職直前に買うべきだと思います。

なぜなら、新築と中古では不動産所得の計算上、年間計上できる減価償却費が大きく異なり、6年間で事業総収支が倍近く違うことすらあるからです。

例えば、図表15のケースで確認してみましょう。現金の差を見るに、やはり税還付は無視できないことがハッキリ分かると思います。なので、本業があり、高い所得税を納めているうちはやはり税圧縮に重きをおくほうがよいと考えます。

結局、「現金を急いでかき集める意味があるのか?」という質問については、50歳でもっている1億円と90歳でもっている1億円では価値が大きく変わってくるということに尽きます。

超ロングスパンで考えれば低収益性の物件も最終的に数字が追いついてくるケースはあ

［図表15］中古と新築の節税効果のシミュレーション例

＜物件比較＞　いずれも利回り9.0％、年収2000万円想定

	中古1棟アパート	新築1棟アパート
物件価格	1億2000万円	1億2000万円
建物価格	7200万円	7200万円
耐用年数（償却期間）	6年※1	22年
融資額	1億2000万円	1億2000万円
融資金利	3.9％	1.0％
融資期間	35年	25年

※1　築22年超であれば4年で償却可能であるが、長期譲渡を見越して意図的に耐用年数を長く見積もる。

＜収支比較＞

	中古1棟アパート	新築1棟アパート
満室時年間収入	1080万円	1080万円
現金支出	▲727万円	▲640万円
税引き前手残り	353万円	440万円
不動産所得※2	▲498万円	536万円
還付／納税額※3	還付165万円※4	納税214万円
税引き後手残り	518万円	226万円

※2　計算方法は第3章の図表8と図表10を参照。
※3　納税の場合は税率40％で概算。
※4　還付額は変動する場合あり。
※5　運営諸経費は100万円で想定。

最終的に倍以上の
手残りの差が！
還付原資があるうちは
その活用でこれだけ差が出る

りますが、人生を豊かにするという観点では、資金は早いうちに手元にあったほうが、活用法も多くて良いのではないでしょうか。

最終的に定年退職や事業の第一線から退くと、必然的に収入は下がるので節税に躍起になる必要はありません。そして、そのタイミングでは、手の掛かる中古物件や埋めるのに労力がいるような厳しいエリアの物件から、運営がラクなものに切り替えていってもよいでしょう。

団体信用生命保険があれば、最終的に相対的にキレイめの物件を次世代に引き継げることから、まず若いうちは、「現金を手厚くするのが最優先、その後はキレイな物件をポートフォリオに組み込んでもいいという状態にもっていく」ことを目標にするのがよろしいと思います。

売却時（出口戦略）が不安な方へ

本章の最後に、売却時の出口戦略について不安を感じている方がよく口にされる疑問にお答えしてみたいと思います。

Q：本当に出口は取れる？

当社紹介物件については大丈夫です。少なくとも、日本に不動産賃貸業という業種が成立し続ける限りは、お金を生み出す装置を欲しい人はどの時代にも必ず一定数います。そのうえ、当社顧客は平均年収が3000万円超の方がほとんどですので、減価償却目的で物件を求めている方が行列している状態です。

しかしながら、勘違いしてほしくないのは、不動産はリスク商品でもあるということです。利回りはリスクの裏返しです。だから株式などと比べ大きなリターンを得られるのです。決まったタイミングで絶対に出口が取れる保証はありませんし、融資情勢によっては作戦変更もやむなし、ということもあります。

「何のリスクも取らずにリターンを得たい」というのは冗談でいうならよいですが、本気で考えているとすれば流石に浅はかです。

時折、投資面談などでも「出口戦略が問題ないというなら、その誓約書を出してくれ」

などとおっしゃる方、あるいは過剰に不安がってごく細かな疑問を五月雨式に何百個も並べてくる方もいらっしゃいますが、あまりに心配性な方は、不動産投資をしない人生を選ぶほうが幸せかと思います。

Q：簿価が大幅減していたら、売却時の課税で損しない？

これは第3章の解説内容のとおり、築古物件では簿価の減少が早いため、売却時に課税によりマイナスが発生することはあります。これは税制上、仕方のないことです。

ただ、それまでの運営期間で非常にプラスが出しやすい、というのが大きなポイントで、よほど大規模修繕がかさんだり、入居率が50％を切ってしまうなど、事業上で重大なトラブルに見舞われない限り事業総収支はプラスで着地することのほうが多いはずです。

人生の早い段階で現金を手元に置けることは、複利の考え方において何より重要で、前倒し、前倒しで拡大を進めていけば最終的に何もしなかったときより豊かな経済規模で着地できる公算が高まります。

感覚的なところとして、一つひとつの取引だけを切り取って「得した」「損した」となる気持ちは私も分かります。

ただ、これは一時の感情ではなく全体の勘定で見ていただき、「何もしていなかったときよりは得をした、損をした」という大局的な視点で評価する癖をつけることが、事業を長続きさせるうえで重要な観点だと思います。

第５章のまとめ

1　ポートフォリオの構築においては、「共同担保になり得る物件」で固めていくことが重要。具体的には、価格の6〜7割くらいは土地値がある物件が良い。

2　物件選びではもう一つ、「売ろうと思ったときに売れる場所」を選ぶのも重要。買えるから何でも買うは間違い。

3　バイアウトは、全物件合計で毎月100万円の手残りがつくれるようになってきた段階が一つの基準である。

4　新築や都心立地のRCマンションの購入はいちばん最後、資産形成が終わってから。例えば定年退職直前など。

5　売却時（出口戦略）については、あまり心配し過ぎず、大局的な視点で評価する癖をつける。

不動産投資は
住む人の生活を預かる「事業」
管理をおろそかにしては
資産拡大は実現できない

第6章

大家業とは「そこに住む人々の生活を預かること」

ここまでは不動産投資による資産形成の方法論について説明をしてきました。実際に、紹介した方法を機械的に履行していれば理論上は資産形成が完了します。

ただし、ここで忘れてはいけないのは、大家業というのは「そこに住む人々の生活を預かること」です。管理全般を管理会社に任せ、自分は月に一度、送金明細を見るだけ、ということだとついつい薄れてしまう感覚ですが、その収入の裏にはダイレクトに生身の人間が暮らしていることを忘れてはいけません。

また、人が集まって暮らしていれば必ずトラブルは発生します。実際のところ、まったく手が付けられないほどのケースはまれですが、小さなものはどれだけ運が良くても年に数件は発生するのが普通です。

ここから先は実際に不動産投資を行うにあたり、「大家になるということ」の裏側を当社の実体験をもとに第6章、第7章でお話ししていきます。

事業者としてやるべきこと、やってはいけないこと

不動産投資に着手する目的は「手元の現金を殖やし、経済的な自由を目指すこと」だとお伝えしてきました。そのためには不必要な支出を抑え、かつ収入を最大化するというのは非常に大事な要素ですが、もちろんそれにも限度感というものはあります。

通常の会社経営と同様、不動産投資にも当然かけるべき経費というものはあります。副業の感覚で不動産に関わっているオーナーだとこれを煩わしく感じたり、誤った判断をしてしまったりすることもありますが、そもそも不動産賃貸業はそれ単体で立派な事業です。アパート・マンションを買い、賃貸借契約に基づいて賃料を受け取れるようになった時点で個人事業主の括りになります。なので、それ相応の責任というのは生じます。

ここでいちばん言いたいことは、不動産賃貸業は確かに何も起きなければ不労所得としての色が強い業種です。

しかしながら、入居者が余程のクレーマーである場合を除き、借主が連絡をしてくると

いうことは生活に著しく差し支えている場合がほとんどです。賃貸物件の入居者の99％以上は良い人であり、めったなことで管理会社に連絡してくることはありません。

賃貸住宅に住んだ経験のある方なら、管理会社に何回問い合わせたことがあるか思い浮かべてみてください。解約時まで1回も連絡しなかったこともあるはずです。そして、管理会社に連絡が入るということは、内容の精査こそ管理会社が行いますが、場合によっては貸主に対応責任が発生するということと同義です。

「あの会社に全部任せているから」が実現できる場合もなくはないですが、最終的な責任の帰属先はオーナーです。その観点は決して忘れてはいけません。

設備の不具合は、当たり前の話ですが築古物件では平気で起きます。特に水回りが使えないような事態が発生してしまうと、誰でも嫌に決まっています。

どんな事業にもトラブルはつきものですが、特に不動産賃貸業においては、入退去のタイミングでいかに次の借主に対してトラブルが起きにくい部屋を引き渡せるかが大きなポイントです。これが事業者として行うべき「予防保全」で、これを行うには経験とある程度の目利き、あるいはそれを代行できるパートナーが必要です。そして、そのためには、ある程度の出費も見込んでおく必要があります。

これは特に個人投資家にありがちなことですが、何かしら費用がかかる場面に直面したときに「その支出は必要なものに思えないから金は出さない！　必要性の根拠を事細かに示せ！　入居者を丸め込むのも管理会社の仕事だろ！」と言う方がいます。当社ではこういったスタンスの方の管理はお断りしています。

これは当社が管理手数料ゼロで利益にならないため、気の合うオーナーさま以外とお付き合いしたくないというのもありますが、結局、有事の際に家主として必要な対応を怠る、あるいは事前の対応を怠っていたにもかかわらず自らの責任を認めていないという点がいちばん大きいです。

調子の良いときだけ良い顔をして、賃料収入はすべて自分の懐、有事の際は他人のせい、そういうことを素でやる人をどう思うでしょうか。単純な人間関係としてそういう人と付き合いたい理由がありません。これは不動産賃貸業に限らず当たり前の話ですが、意外と多く発生していることなのであえて申し上げますと「当たり前のことを当たり前にやる」のが最重要です。それができる人は好かれますし、それをできない人は嫌われます。

株式投資なら、口座開設などの手間を抜きに考えれば完全に一人で完結できます。しかし、不動産投資はそうはいきません。

しかも、関係する業務はそれぞれに専門性が高い分、経営のなかでもとびきりチーム性が高い部類に入ります。内外装のリフォーム職人、定期的な共用部の清掃、不法投棄対策、督促業務など、多岐にわたる業務を自分ですべて担当するか、任せられるチームを自分で組成するか、あるいはすでに出来合いのチームを借りるのか。管理会社へ業務を委託するのは、一定の金額を支払って、そのチームを借りることとほぼ同義です。そうなると、あとは経済的にバランスするのかの話になってきます。

「もし自分が社長になったら」が、即座に現実になるのがアパートや賃貸マンションの購入です。自分で責任をもって事業を営むからには、まずはやっていいこと、悪いことにしっかり分別をつけ、「大人」になることが最重要です。

必ず想定しなくてはいけない「リスク」とは

マインド的なお話はここまでにして、次はテクニカルなお話です。不動産賃貸業で発生するトラブルは、実はざっくり分類が可能です。

①修繕系（水・電気・その他住宅設備の3種）
②賃料関係（滞納・夜逃げなど）
③近隣トラブル（騒音・ごみ出しなど）

その他、言いがかりに近い苦情もありますがそれは今回、割愛します。また、問題が複雑化しているように見えるときはだいたい入居者が「期待値を満たしてもらえなかった」と感じ、それに対しゴネているときなので、その場合は対応の不足がなかったか、ただゴネたがっているだけなのか個別に十分、考察する必要があります。

いちばん大事なのは、先ほど述べたようにアパートや賃貸マンションをもつ以上、自分が社長だと認識することです。つまり、トラブル発生時に「対応できません」は認められないということです。

逆の立場で考えてみてください。家主が「いや私のせいじゃないので知りません」などと言ってみた日には、大変なことになるのは簡単に想像できると思います。しかし、実際にはこれに近いことをやってしまう家主も少なくありません。

大前提として、「いっさい対応できません」は不動産経営においてはなしです。もちろん法的な絡みがあってできないこと、あるいは即座に解決に向かわせられないこともありますが、それでもやれることを全力でやることを前提として、ではどのようなリスクを見込み、どう対応すべきかについて簡単に触れていきます。

①修繕系について

これによって生じるリスクは、次のようなものが主です。

- 賃貸人として、賃借人の居住空間を守れないのは義務違反になる場合がある
- 賃借人が大家に対し潜在的に不満を溜める
- 場合によっては解約、あるいは損害賠償請求になる

対応方法としては、次のような流れで進みます。

- 詳細をヒアリングし、本当に故障なのか使い方の問題なのかを特定する
- 故障と思われる場合は、実際に現地を確認する

・故障の場合、自分で直すのか、外部に委託して直してもらうのかを決める
・完了確認、外部に委託した場合は代金を支払う

管理会社が間に入っている場合には、事前確認まではは済ませてオーナーに指示を仰ぐのが一般的です。

しかし、その分、時間がかかる都合から入居者にとって不満を溜める時間は長くなります。なので、管理会社とオーナー相互にレスポンスが良いことはスムーズな賃貸経営の必須項目といえます。

また実際のところ、修繕するかどうかで基準となるのは、民法と借地借家法です。特に2020年の民法改正は不動産賃貸業にとって相当強烈で、建物の不具合を一定の免責日数以内に貸主が修繕できないと、借主は当然に賃料を減額してよいこととなりました（改正民法第611条）。

ただし、改正民法では減額の具体的な割合などまでは定めておらず、実際には賃貸借契約で取り決めておく必要があります。

そこで、公益財団法人日本賃貸住宅管理協会が賃料減額のガイドラインを公表しています。それによると、例えばトイレが使えない状態になると、免責1日を除いて修繕が完了するまで、その月の賃料の2割を日割りで自動的に減額する、といった具合です。

ほかのトラブルとも共通ですが、だいたい複雑化する場合は感情のもつれです。問題が解消するかどうかにかかわらず、「やってほしかったことをやってもらえなかった」「対応が遅かった」「話をきちんと聞いてもらえなかった」といったことにより、言葉こそ丁寧でもどんどん人は対話を拒否していき、結果として必要以上のコストがかかることもあります。

なので、特に修繕系のトラブルは初動の速さ、そして対応者のコミュニケーション能力が何より重要です。

②賃料関係について

次に挙げられるリスクは賃料関係です。

・賃料が滞ると、単純に収入が逼迫し銀行返済に支障が出る

［図表16］ 貸室・設備等の不具合による賃料減額ガイドライン

（公益財団法人日本賃貸住宅管理協会）

貸室・設備に不具合が発生

↓ A群に該当するか確認

群	状況	賃料減額割合	免責日数
A	電気が使えない	40%	2日
	ガスが使えない	10%	3日
	水が使えない	30%	2日

↓ A群のいずれにも該当しない場合

群	状況	賃料減額割合	免責日数
B	トイレが使えない	20%	1日
	風呂が使えない	10%	3日
	エアコンが作動しない	5000円 （1カ月あたり）	3日
	テレビ等通信設備が使えない	10%	3日
	雨漏りによる利用制限	5～50%	7日

・滞納が継続しても、法的な手続きを踏まない限り追い出しなどはできない
・夜逃げが発生しても、連絡がつかなくなると残置物撤去もすぐはできない

賃料関係のトラブルは避けようと思っても避けられないのが実情で、正直運に任せるほかにない要素もあります。

ただし、一部は次のような方法で事前にリスクヘッジできることもあります。

・賃借人に保証会社に加入してもらう
・緊急連絡先の情報を複数名あらかじめもらっておく
・賃料収入に対し、返済割合が極度に高くならないようにローンの借り方を調整する

とはいえ、悪質な滞納者の発生は困るもので、場合によっては対応が必要になります。ただ、やり方にはルールもあり、ひと昔前の話だと、大家が滞納者の部屋の鍵を自分で交換し、実質的に追い出しを自分で完了させた、などという話をなんとなく耳にしたことがある方もいるかと思いますが、これは実はアウトです。

なぜなら、いわゆる「自力救済禁止の原則」に反し、むしろ相手側から民法上の不法行為として損害賠償を請求されたり、刑法上の住居侵入罪や器物損壊罪に当たる可能性もあったりするからです。

実際に追い出しをしようと思うと、賃貸借契約を解除したうえで、裁判所に強制執行を申し立て、許可を得るという手続きを踏む必要があります。

強制執行の許可を得るまでに半年以上かかることも珍しくなく、そもそも賃貸借契約の解除には3カ月程度の滞納が前提となるので、手続きが早く進んでもその部屋からの9カ月分程度の賃料は捨てることになります。

訴訟費用ももちろん大家持ちで、手出しが発生します。また、そういった部屋はたいてい使い方もひどいので、追い出しに成功したとしても、次の入居者を募集するためリフォーム代などがさらに出ていく潜在リスクもあります。

賃借人が保証会社に加入している場合は、訴訟にかかる費用の負担、その期間中の賃料保証、裁判手続きそのものまですべて代行してくれます。そういう意味では、賃料に関するリスクのほとんどをカバーできると思います。

ただし、小さな保証会社は経済環境が悪化すると簡単に倒産することもありますので、できる限り資本力のある会社を選ぶほうがよいでしょう。

なお、この類のトラブルは、築古物件で特に起きやすいです。物件の売主が地主のパターンだと、賃借人がそもそも保証会社に加入していない場合も少なくありません。そういう場合は、途中から家主負担で保証会社に加入する方法をもっている管理会社もありますので、個別にご相談されるのがよいかと思います。

ただし、過去に滞納がないことが加入条件にはなりますので、正常な支払い状況までは頑張って是正してもらう必要があります。

③近隣トラブルについて

これは非常に多岐にわたり、かつ解決が難しいです。内容としては、次のようなものが代表的です。

・隣（上下）の部屋がうるさい
・入居者間でのトラブル
・ごみ出しマナー、特に不法投棄

特に入居者同士が揉めてしまうと、双方ともに管理会社に対して「あいつは迷惑だから追い出してほしい」とか、「自分にとって不利益なことを今後、絶対にしないように管理会社がなんとかしてほしい」と極めて感情的なオーダーが来ます。

気持ちは分からなくもないですが、基本的に管理会社はどちらの味方もできず、家主も同様なので、客観的な証拠を集めて折り合いをつけるよう促し、それでもだめならあとは官憲に委ねるほかにないというのが実際です。

ごみ置き場の不法投棄などは一度、費用をかければ確かにきれいになりますが、結局、住民間で「こういう捨て方をしてもいい」という考えが浸透していると際限なく再発します。なので、これはしつこく注意して是正を促すという方向になります。外国人の多い物件などでは、複数の言語で掲示物を作成するなどします。

トラブルは発生する都度、誰がどの程度の迷惑を被っていると思われるか、あとは対応の緊急性、そしてかけられる費用感と、できること・できないことの線引きについて判定を逐一行う必要があります。

ただ、この線引きが非常に難しいのが人と人、あるいは加害者が特定しにくい類のトラブルです。これは単純に場数がものをいいますので、よほど自信がある方でない限りは管理会社などの知恵を借りるほうがよいかと思われます。

もし自主管理を行っている場合だと、これらすべての問題を家主自らが対応することになります。そうなると、本業をもっている方の場合は相当対応が困難になります。仕事中だから電話に出られないというのは入居者からすると関係ない話なので、それで感情のもつれがより複雑化することもあります。

もちろん、自主管理のメリットは中間マージンをカットして経費の最小化を図ることですが、本当に自分は対応が可能かどうかご自身の状況を鑑みて、ご選択されるのがよいと思います。


これは余談になりますが、自主管理オーナーの〝あるある〟として、出費をケチるために必要以上に入居者の要望を突っぱね続けていることが多い、というのがあります。当社でも何度かそういった物件を見てきましたが、たいていの場合、そういう物件では入居者がオーナーに対し、必要以上に感情的になっていることが多いです。

そして、その怒りは物件売買でオーナーチェンジをした際に新しい大家（買主）に対し爆発することもありがちです。

例えば、「エアコンの調子が悪いと前の大家にずっと依頼していたのに、結局替えてくれなかった」「賃料減額交渉をずっと無視されてきた。こっちはずっと住んでいるんだから少しぐらい融通を利かせてくれ」など、ある意味、新大家からしてみると「知ったこっちゃない」ことでも、入居者からするとずっと引きずってきた大問題なので、振込先変更の連絡をした段階でグワーッとすごい勢いで言われるわけです。

こういった衝突が大家対入居者の直接対決になってしまうと、解決が困難な問題の場合、抜き差しならない状態になってしまいます。

そんなとき、管理会社が中立な立場で間に入ることにより、大家側からすると不要な感情的な衝突を避けることができ、かつ経営判断として入居者に厳しいことを言わなくてはいけないときも、直接的に恨まれるリスクが下がります。管理会社をストレス軽減装置として考えた場合、世の中で一般的な家賃に対して5～10％の管理手数料というのは、決して悪くない数字なのかなとも思います。

なお、当社の「コスモゼロ管理」は管理手数料0円で定額の報酬は頂かず、清掃などを依頼いただいた場合は実費を頂戴する形で行っています。

いったいどうやってその仕組みを成立させているのか、とお問い合わせを頂くことが非常に多いのですが、詳細は当社HPをご確認ください。一部の内容は、本書でもあとがきなどで触れています。

重大リスクについての考え方

さて、ここまである程度リスクを説明してきました。

例示してきた内容については、人の感情にまつわるもの以外は、たいていはキャッシュがあればカバー可能なものであることにお気づきかと思います。そして、明示化ができるとある程度、恐怖心が薄れるのではないかと思います。

結局、リスクについては分からないから怖いのであって、理解が進んでいけば本当の意味で対応できないものはごく一部です。費用が出ていくものに関しても、税還付で手元に現金が厚くできるからこそ、そのリスクを抱えたとしても十分カバーするだけの余裕率が設けられます。

また、重大なリスクとしては、災害、事件事故、孤独死などが存在します。これらは発生させないということが物理的に不可能なので、万が一の際のダメージをいかに抑えるかという対策になってきます。

まず、災害についてですが、火災保険の範囲内であれば、保険に加入することで事前の対策が可能です。

続いて孤独死ですが、これについて皆さん心配されていることは次の入居募集が難しいこと、または売却時に影響があるのでは、という点だと思います。結論から言うと、どちらも適切な処置をすれば問題ありません。

実際の孤独死は、これは当社でも千葉県にある管理物件で実際に発生しました。15ページに写真付きで説明しています。対応としては特殊清掃を入れることになりますが、今回は場所がトイレで発見まで時間が長かったため、清掃で汚れとにおいを落とし切ることができず、結果的には躯体のみ残してトイレの内壁をすべてはつって新規に造作し直すことになりました。

もちろん費用がかかるのと、新規入居付けの際には告知する必要がありますが、適切な対応を行った物件で孤独死を理由として入居が半年以上決まらなかった部屋は1件も見たことがありません。おそらくこの部屋も、現在は補修対応中ですが条件設定を間違わなければ募集後すぐ決まると思われます。

売却時も、いわくつきであることを理由として融資を断る金融機関はごく一部で、基本的には売却時の支障となることはほぼありません。

過去、私も10棟以上、孤独死のあった物件の売買を扱ったことがありますが、それを原因に流動性が損なわれたケースを見たことがないので、あまり心配しなくても大丈夫だと思います。

ただし、気持ちの面として指値が入る可能性はあります。それは事前に見込んでおくべきリスクといえるでしょう。

あとは殺人事件ですが、これはある統計によると、人生のなかで自分が2回飛行機事故に遭うのと同じくらいの非常に確率が低い事象になります。ですから、それをどこまで重く見るか、というお話になってきます。

こうした重大なリスクに対する考え方、価値観は個々人でかなり異なるかと思いますので、投資の勉強をするタイミングで、自分はどこまで許容してどの規模感までやっていきたいのか、ということをぜひ一度考えてみてください。

第６章のまとめ

1 不動産賃貸業はそれ単体で立派な事業であり、管理の最終的な責任はオーナーが負う。

2 管理会社へ管理業務を委託するのは、一定の金額を支払って、そのチームを借りることとほぼ同義である。

3 賃貸で発生するトラブルは大きく、修繕、賃料関係、近隣トラブルの３つに分類できる。

4 重大なリスクとしては、災害、事件事故、孤独死などがあり、万が一の際のダメージをいかに抑えるかが重要。

5 リスクに対する考え方、価値観は人により異なる。自分はどこまで許容して、どの規模感までやっていきたいのか、一度考えてみておくべきである。

実例に学ぶ
賃貸トラブルとその対応

第7章

トラブルの実態を知る

当社では不動産売買業のかたわら、「コスモゼロ管理」と銘打って賃貸管理業務も行っております。

収益不動産の購入時から売却時まで、管理者が変わらないため安心してワンストップサービスとしてご利用いただけるわけですが、管理部門には日々たくさんの連絡が寄せられます。その中には些細なものもあれば、階下漏水や安否確認などの本当に深刻なトラブルも含まれます。

投資家からして、不動産賃貸業を営むにあたっていちばん不安に思うところの一つとして「始めたことによってトラブルに巻き込まれるんじゃないか」というものがあります。しかし、その実態を知ることで、事前に防止策を講じたり、巻き込まれた際の対処法を理解したりしておけば、多少なりとも不安を解消することができるはずです。

この章では、実際に賃貸管理を行う当社からして、どのようなトラブルに直面してきたかをご紹介いたします。不動産賃貸業を営むにあたって、一つのご参考としていただければ幸いです。

管理会社に電話をかけてくる人々

まず、当社に管理関係で用事があり、電話連絡をしてくる主な方々を列記していきます。

・賃貸仲介業者（賃貸の空室確認）
・前管理会社（管理引継ぎ後に起きた問題など）
・設備関係業者（入居者が自分で手配したインターネット業者など）
・保証会社（賃料の入金確認など）
・入居者（用件は多岐にわたる。詳細は後述）
・管理物件の近隣住民（詳細は後述）

ほかにも些細な電話はありますが、主には前ページのとおりです。

これらは事務的に終わるものも多く、特に賃貸仲介業者さんは空室をお客さんに紹介するつもりで空き確認をしてくれるので非常にありがたいです。

前管理会社さんや設備関係業者さんは、引継ぎ時の小さな確認事項だとか、あとはインターネット設備の導入でＭＤＦ盤の鍵を開けてもよいか、といったような細かな案件であることが９割以上です。

しかし、後者３つはトラブルがらみの案件である確率がそこそこあります。では実際、その人々を巻き込んでどのようなことが起きるのかをここからご紹介します。

保証会社から連絡があるケース

保証会社から連絡があるケースは、当然ながら賃料がらみです。

①入金確認の場合

入居者が保証会社という仕組みをよく理解しておらず、収納代行を行っている保証会社ではなく管理会社に直接賃料を支払い、保証会社的には未収のようになってしまう場面が定常的に発生しています。これはトラブルではなくただの確認です。

②滞納が複数カ月になっている場合

保証会社は、プランにもよりますが滞納があっても家主（管理会社）に対し賃料の立替送金をしてくれるのが一般的です。ただし、無限に立て替えるわけにもいかないので、督促の甲斐なく3カ月分滞納が溜まると追い出し手続きに移行することになります。

具体的には裁判へ移行し判決を得るわけですが、その際も手続きは保証会社が追い出し完了（または滞納解消）まで代行してくれます。

それにあたり家主側の手続きとしては、委任状を書く必要があります。そのあと、内容証明による督促に対する反応はどうだったか、実際に訴訟に踏み切るかどうか、などについて随時、管理会社に報告をくれます。「連絡が完全につながらず、もうダメそう」あるいは「状況証拠からおそらく夜逃げだと思われる」となると部屋の明け渡し訴訟に移行することになり、その際には再度、委任状が必要になるケースもあります。

なお、本気で訴訟が始まるとなると事前に内容証明郵便で通知されるため、それを見た入居者も支払いをなんとか頑張ってくれるというケースも多いです。実際に強制執行まで至るケースはまれです。当社でも年間5件を超えたことはありません。家主の目線からすると立替で賃料の受け取りは滞らないことが多いため、一見するとトラブルとは思えにくいところですが、水面下では滞納の支払いを巡りいろいろな動きがあるわけです。

入居者から連絡があるケース

入居者さんからの連絡は非常に多岐にわたるため、ここでは過去に実際に発生したトラブル、あるいはよくある事象を抜粋してご紹介します。

・騒音トラブル（コロナを契機に特に増加）
・トイレの逆流（下水詰まり）
・階下漏水

・駐車場、駐輪場へのイタズラ
・粗大ごみの不法投棄
・賃料の値下げ交渉

これらはある程度、決まった内容のため、当社には対応フローがあり、発生時にも比較的粛々と対応を行っています。

しかしながら、これは私にも気持ちがよく分かるところですが、水関係のトラブルの場合は被害者側の怒りが極めて高い位置にあることが多いため、それは当社としても寄り添いながら全力で対応を行います。

当社の管理の現場の声としては、やはりモラルクレーム系、気持ちの面でのトラブルは複雑化しやすいということ、また水回りのトラブルは重大化しやすいため緊張する、ということでした。

あとは複数の部屋を確認しないといけない階下漏水などは、対応者含めて全員の日程を擦り合わせる必要があるため、そこが折り合わず止まってしまうとしんどい、という声もあります。

私自身も時折、管理業務の現場に向かうことがありますが、基本的にトラブル発生時は初動の速さが何より重要なので、当社ではそれを徹底して行うようにしています。ただし、人的資源や予算にも限界があるため、定期清掃などと組み合わせられるものはそのタイミングで行ったり、といった具合に案件の軽重は見極めさせてもらっています。

なお、当社が直面した問題の中で特に重篤だったのは次のようなケースです。

・賃貸借契約終了後の部屋に、元契約者の元交際相手がその娘と居座ったために部屋が明け渡されず、結果的に当社社員が警察と一緒に現地訪問し、退去を促した

・周囲3部屋が出ていくほど近隣トラブルを起こす問題入居者を注意しに当社社員が訪問した際、顔前2㎝のところまで顔を近づけてきてすごまれたうえ、周囲の壁などを殴る、大声を出すなどの方法で長時間の威圧を繰り返された

・突風でアパートの屋根が吹き飛んだ（10～13ページ写真参照）

・落雷でアパートの屋根に大穴が空いた（10～13ページ写真参照）

・オーナーさんの管理を受託した際、大型物件の駐車場160台分について誰がどこを使用しているのかが分からず、全世帯にヒアリングをして回り、配車図を新たに作成した

いくつかのトラブルについては実際の写真をご用意しておりますのでご覧ください。これらの問題はすでにすべて解決済みではありますが、いざ自分事としてこの当事者になる可能性は大家業としてあり得る、ということだけご紹介させていただきます。

近隣から連絡があるケース

さて、ここまで入居者さん絡みの案件で発生してきたものを挙げましたが、不動産は実物資産かつ土地に根付いている以上、近隣住民とも間接的に関わっています。

その中で、近隣住民から何かしらの要望の連絡があるケースがままあり、それは家主に非があるパターンとそうでないパターンがあります。

・共用のごみ捨て場の利用マナーが悪いから、なんとかしてくれ
・境界確定の測量をするから、立ち合いに来てくれ
・植栽が越境しているから、是正をしてくれ　など

近隣トラブルは、やれば解消できる問題とそうでないものが複雑に混じり合ったケースが多く、当社としても都度どこに責任があって何を行うべきかを細かく砕いて考えています。トラブル対応の基本にはなりますが、誰がどの程度の迷惑を被って何を要求しているのか、それは家主側として本当に対応すべきことかを都度、客観的な目線で考え、1件1件処理を行っております。

不動産所得は実は不労所得ではないかもしれない

ここまでたくさんの事例を紹介してきましたが、いざ家主となり、自主管理の道を選択するとこれらすべての問題を自ら整理し、処理していく必要があります。

そういうふうに考えると、「不労所得」という言葉は、まず当てはまらないものだろうと思います。その対策としては管理会社を挟むことですが、これは我々が言うのも変な話ですが当たり外れの激しい業界でもあります。

当社の場合は管理によって会社を回そうとは考えておらず、利益度外視なのである意味、特殊ではありますが、管理専業でやっていこうという会社の場合だと、ビジネスモデルの問題で年収300万円の正社員とパートさんでやらないと収支が回らないケースがほとんどなので、質の面にムラができやすいという特徴があります。時には管理会社の初動が遅かったことによってより問題が深刻化してしまう、ということもあり得ます。

しかしながら、その責任は最終的に委託した家主へすべて集約されてしまうのも実際のところです。なので、物件を買ったときになんとなく管理会社を選んで、その会社が当たりならラッキーですが、そうでなかったら本気で別の委託先を探すのが一番です。

先述のとおり、管理会社に業務を任せるというのは既存のチームを借りるということです。しかし、メジャーリーグ級のチームもあれば草野球程度のチームもみんな横一線に看板を並べています。そして内容によっては費用が大きくかかることもあれば、それほどかからないこともあります。得意な分野も、新築物件が得意な会社、区分マンションが得意な会社、当社のように中古1棟不動産が得意な会社、本当にさまざまです。

「球技」という言葉の括りでいうなら、バレーボール、野球、クリケット、バドミントン、砲丸投げなど、多種多様な種目が混在しているような感じです。自分がどんな物件を任せたいのかきちんと認識していないと、まるで見当違いの会社に依頼してしまう可能性もあります。そして業務内容が数字で見えにくい分、明確な差別化が難しく、結果として他業界ほどの淘汰が発生しなかったのが賃貸管理業界の闇です。

とはいえ、良い仕事をする会社もたくさんあるため、ただただイメージだけで嘆いても始まりません。

管理会社の悲哀

また、管理会社の質にはムラがあるというお話をしましたが、我々が実際に業務を行っていて思うことは、管理会社は悲しい業態だということです。

何が言いたいのかというと、我々の仕事は相手の期待値が「できて当たり前」というところからスタートします。かつ、褒められることはありません。そして、漏水などのトラブルは別に我々が起こしているものではないにもかかわらず、怒りの矛先がすべて向いてくるのです。本当にオーナー想いの会社だったり、管理業務にあたって特別な信念があったりすれば別ですが、普通の感覚なら「やってられない」と思ってしまう場面も正直に言ってたくさんあります。

契約更新の書類を早く送ったからといって、入居者が褒めてくれるわけではありません。むしろ「更新料が高い」と文句を言われることもあります。入居者が自分でサインした契約書に基づいて請求しているのにもかかわらずです。極めつけは、滞納の督促をすると逆上してネットに悪評の口コミを書いてくることも。あとは入居者が過剰要求（車庫証明の書類をこれから今すぐ家まで持って来いなど）をしていて、それが通らなかったときも同じような攻撃をしてきます。

保証会社にも似たようなところがあり、もしも知っている会社の名前があれば、ぜひ検索してみてください。義務を履行していない相手から、悪評まで付けられてしまうとなると、悲しい以外の表現が見つかりません。「言葉遣いが悪い、態度が横柄」などと書き込みつつも、その前に本人は滞納者です。ゆがみを感じます。またこれは法律上、仕方のないことではありますが、５００円の万引きをしたら逮捕されるのに、５万円家賃を滞納しても逮捕されないのはまったく不思議な話です。

ここまでは対入居者の話ですが、対オーナーにおいても似たようなことが起きてしまうことがあります。例えば退去費用などですが、これはガイドラインを基にある程度、基準は決まるものの、入居者側に安く請求し過ぎるとオーナーから怒られ、かといって何でもかんでも微細なものまで入居者に請求してしまうとそれはそれで揉めて、といった具合です。

どちらかの肩をもつことはできないので、非常にバランス感覚が求められる立場です。当社としては機械的にすべて判断するのではなく、極力オーナーさまに寄り添いながら毎回両者の着地点を探っておりますが、会社姿勢によってはそうではなく淡々と事務的に処理していくスタンスの会社もあると思いますので、いざオーナーの立場として管理会社を選ぶ際には退去立ち会いの姿勢について聞いてみるのも一つ参考になると思います。

先述のとおり管理会社は中立の立場で、かつオーナーの目線から見た場合は明確に〝ストレス軽減装置〟の役割を担っています。いざ自分が100%受けることを考えると、有事の際のお守り料として考えた場合に一般的な管理費（家賃の5～10%）というのは、決して高いわけではないと私は考えます。

ただし、私自身は月額の費用の部分についてまったく別の考えに基づいて「コスモゼロ管理」を運営していますので、そのあたりは本書の最後でご説明しようと思います。

結局どんな会社に管理を任せるのが一番なのか

管理業務にあたるチーム編成の最終責任はオーナーにあります。また、スポーツと違い人数が決まっていないので極論自分一人でもよいわけです。

では、自分で頑張れるところは限界まで頑張るのか、自分でやらない分は誰にどう任せるのか、何かが起きた際は自分ならどう判断するのか、理想とする経営を行うには自分はどうアクションすべきか。すべてを最初から想定するのは無理だと思いますが、対価を得るためには当然の重みがあるということが、不動産投資の大きな特徴です。

「それでも」と思えるなら前に進むのもよいでしょうし、「無理だな」と思うのであれば手を出さないのも選択肢の一つです。実際に何が起きているのかはなかなか情報を集めにくいところだとは思いますので、本書を参考にしていただいて自身の人生計画と価値観とをマッチングさせてください。

ちなみに当社では、リフォームや修繕が多発してしまうような築古物件の管理を非常に得意としています。というのも、自社で長期保有している物件もそうですが、私の個人投資家としての経験からも、階下漏水などの大規模トラブル系の経験値が蓄積されているからです。

私が1棟目に購入した物件ではメゾネットの2階の床に腐食の影響で大穴が開いており、天井にも穴が開いていて、青空が見えました。屋根に穴が開いているので、当然室内は雨水でビショビショです。そして、水浸しだった1階を歩いたらそのまま床が抜けてしまい、しかもそれが4部屋もあったというのが不動産投資家としてのキャリアのスタートです。

そんなときも落ち込むことなく、「どうすれば再生できるか」の前提で取り組むことができていますし、社員にもその精神は受け継がれております。

そのほか、事故物件となってしまった部屋の対応にも果敢に飛び込んでくれる職人もおりますし、ペットの多頭飼いで大変な状態になってしまっている物件、配管から水が染み出してカビだらけになってしまった物件の対応など、多数の実績がありますので、中古の管理においてはオーナーさまに煩わしい思いをほとんどさせない自信があります。

ただ、先ほども述べたように、設備トラブルは決して我々が意図的に起こしているものではなく、経年劣化の結果なので、築古物件をポートフォリオに組み入れる以上は前提としてそのあたりはきちんと分別をつけていただきたいなとも思います。

また、管理対応の手厚さだけ、あるいは管理費の安さだけに目を向けるだけでなく、将来的な資産拡大を目指す際に、すべて面倒を見てくれる会社というのはお付き合いをするうえで重視されたほうがよいかと思います。

管理専業の会社では、例えば融資の借換の話だとか、適切なタイミングでの次の物件の提案だとか、そういった要素は期待できません。

結局のところ、不動産投資はあくまで経済的に豊かになる「手段」で、最終的な「目的」はいかに効率良く資金を運用し、収益を得るかというところに集約されるのではないかと私は考えます。

収益不動産の業界は10年前と比べると相当、整備が進んできた感はありますが、それでもいまだにとんでもない業者も一部はびこっています。まずはチャレンジということでいろいろ話を聞いて回るのも良いと思いますが、真に相性が良い、特に一緒に拡大の方向を考えてくれる会社、となると物件管理と売買を一緒に行っている会社とお付き合いされるのが一番だと思います。

まずは前述のとおり、文字どおりチームの監督としてご自身で方針を決め、それが得意なところを探し、あとは相性で決めていく方向がベストです。

もし、その考慮の過程で当社がお力になれることがありましたら、常時お待ちいただいている方も多い状況ではございますが、双方の目線と方針が合いましたらお手伝いをさせていただければと思います。

第７章のまとめ

1 保証会社、入居者、管理物件の近隣住民からの連絡はトラブル絡みの案件である確率がそこそこある。

2 自主管理ではトラブルを自ら整理して処理していく必要があり、「不労所得」とはいえなくなる。

3 対策としては管理会社を挟むことだが、当たり外れの激しい業界であることには注意が必要である。

4 管理会社はオーナーにとって“ストレス軽減装置”の役割を担っており、一般的な管理費（家賃の５～10％）というのは、一概に高いとはいえない。

5 当社は、リフォームや修繕が多発してしまうような築古物件の管理を非常に得意としており、大規模トラブル系の経験値も豊富である。

6 オーナーは物件運営をしていくうえで監督の役割。相性の良いところを見つけるのも重要な仕事の一つ。

おわりに

最後までお読みいただき、ありがとうございました。

不動産投資は自分自身を経済的に自由にするとともに、将来の見えない不安を払しょくするための装置、かつ高所得者にとってはお金を生み出す強力な節税装置として、非常に有用なものであることがお分かりいただけたかと思います。

かつ、物件は買う順番さえ間違えなければどんどん拡大ができますが、同時に経営者として一つの事業を営む覚悟も必要、ということも本書でお伝えしたかったことになります。

実際に当社で行っているビジネスとしては、投資家の皆さんが所有されている収益不動産の管理をお引き受けするとともに、自社で買い取った中古1棟ものをリフォームし、満室状態で販売するといったことを現在は行っております。

まだまだ小さい会社ですが、不動産業界ではこれまでにないユニークな存在だと自負しています。社員は今のところ30人弱いますが、不動産売買（仕入れ担当）は私ともう1人、そして補助が1人いるだけです。あとは全員、お預かりした物件の工事、管理、リーシング（客付け）の担当で、しかも厳密な意味では部署には分けておらず、1人の社員がいろいろなことを担当する、多能工システムを採っています。

ある担当者がリーシング（客付け）を担当した物件の室内に初期不具合があれば、その担当者がすぐ工事の手配をします。リフォームを受けた物件で工事が終わったら、そのままリーシングの手配をします。客付けしたあと、入居者から何かクレームがあったら自分が処理します。1人が3役を掛け持ちしているのです。投資家別、物件別の担当もありません。問い合わせを取ったものが、その案件の担当になるのです。

なぜ、こういうことができるのか。それは情報共有用の社内システムを整備しているからです。管理している物件の号室ごとに、今まであったことが時系列ですぐ分かるようになっています。

ところが多くの管理会社は、物件担当やオーナー担当を付けて業務を処理しています。その人が辞めるとブラックボックスになって、何をやっていたかが分からなくなってしまいます。引継ぎがないまま、1週間どころか1カ月ほったらかしということも珍しくありません。

中古1棟ものの販売事業については、まず潜在価値が高いものの、築年数や見かけで割安に放置されている物件の仕入れに力を入れています。この点については、大手を含め多くの不動産会社や金融機関などから情報が集まってきます。

区分マンションはある程度、取引価格など市場の相場が出来上がっていますが、中古1棟ものは建物の状態や入居者の状況がそれぞれ違っていて評価が難しく、市場の相場が分かりにくいという特徴があります。そのため、不動産のプロでも中古1棟ものにはなかなか手が出せません。不確定要素が多過ぎて目利きが難しく、何より金融機関のローンもつきません。そのため、大手仲介会社でも値段をつけられないので、私の会社に査定の依頼が来るのです。

もっといえば、私の会社で買い取ってくれないかというケースもあります。なぜなら、私たちは中古1棟ものの価値を見極め、いちばん高値をつけて買うことができますし、個人投資家のようなローン特約（ローンが借りられなかったら売買契約を白紙解約できる特約）を付けることもありません。売主にとっても優良な買主なのです。

その結果、路線価をベースにした土地値や土地値以下で買えることもあります。昨年、私の会社が購入した中古1棟ものでいちばん利回りが高かったのは45％にもなります。ただし、所在地はいわゆる地方になるのと、リフォームだけで3000万円かけました。この物件の話は一部写真でご紹介しています。また、のちほどご紹介する当社の動画サイトでも配信しております。

また、私の会社は不動産業界でも、人件費が高いほうだと思います。

なぜなら、会社が保有する収益不動産の賃料収入で毎月1500万円のキャッシュフローがあり、それで固定費がまかなえているからです。人件費を含む販管費を売上の利益でカバーする必要がありません。だから、顧客である個人投資家の皆さんにガツガツ営業する必要がないのです。

実は、不動産会社の運営コストでいちばん大きいのが、事務所代と人件費、そして宣伝広告費です。宣伝広告費をバンバン出している会社は、どこかでその費用を回収しているはずです。顧客にとって本当にメリットがあるのかどうか、考えていただくとよいと思います。

当社の「コスモゼロ管理」は、最初はかなり投資家の皆さまから警戒されます。私が逆の立場でも確かに不安に思う気がします。ただ、実際に1棟お任せいただいて管理の姿勢や送金額の明確な違いを見ていただいたのちには、他の所有物件もすべて当社に切り替えをお願いされた、ということが何度もありました。

そして、口コミで他の投資家さまをご紹介いただき、結果として今は管理会社の切り替え待ちが後を絶たず、物件購入をお待ちいただいている方も100名以上いらっしゃいます。これだけの熱量をもって、かつ当社に親近感を感じていただいているお客さまを広告宣伝費ほぼゼロで集められているのは本当にありがたいことです。

加えて、不動産投資をしたい方はバックボーンも多彩なので新しいビジネスなどにつながる出会いも頂けています。これだけで本当に価値あるものだと私は考えています。

さらに、おかげさまで規模感も出てきたおかげで、例えばクロスや便器、独立洗面台やモニターフォンなどをまとめて発注することができ、同じものを安価に仕入れられる体制も整ってきました。これによって毎月50戸以上行っている当社の自社物件の再生も安価にできますし、オーナーさまにもより安く良いものでリフォームをお出しできています。結果的に当社も含めて関わる全員が得できる仕組みが仕上がってきているので、投資の側面から見てもとても役に立っている仕組みです。

独立当初、管理業務を行うことはあらかじめ決めていましたが、じゃあ管理費を5％にしようか、4％にしようか、といった議論が社内でありました。

しかしながら、私が考える理想の管理会社というのは「定額出費なしで適切な対応をしてくれる管理会社」で、かつそんな会社は見つけることができませんでした。しかも、当たり前の話ですが、もし管理費0円が実現できれば絶対にオーナーの手元収入が最大になるはずです。

なので、管理業務だけで見たら当然に赤字ですが、思い切って「コスモゼロ管理」を始めてみました。当初より自社物件を大量に保有して、家賃収入で事業を回していくビジネスモデルにしたかった以上、自社物件の管理業務を行ううえでのシステムをそのまま流用すればさほど負担なくオーナーさまの物件を預かることも可能だろうという予測ができていたからです。

結果的に、本格的に管理業務を開始してから2年以上が経ちますが、ほぼ例外なく喜びの声を頂いており、かつ当社としても事業を継続し続けられているので、とてもうれしく思っています。

そのうえ、ありがたいことにこの2年で0戸から約4000戸まで規模が拡大し、予約待ちも後を絶たない状態が続いています。おそらくこれは全国的に見てもトップの伸び率だと思います。

おかげで社会的にも評価を頂き、日経さん主催のセミナーで講師をさせていただいたり、Forbes JAPANさんから取材の依頼を頂いたりもできました。創業3年目の会社に、それだけの評価をしてもらえるとは思ってもみませんでした。

もし自分1人が儲かりたいなら、利回り5%なり4%なりの物件をゴリゴリに売って、後の管理は知らない、と繰り返していれば済む話なのですが、私としてはそれは違うと思っています。自分の周りの方が儲からないならやっていて意味がないですし、何よりつまらないです。そんなことがしたくて独立したわけではありません。

現在、当社の管理を利用いただいているオーナーさまは、ほとんど例外なく本書のスキームで利益を享受しています。費用があまり出ていかないので賃料収入が貯まる、税金が還付されてさらにお金が貯まる、それで気持ちに余裕ができて、本業からの貯金も無理なくできるようになる。そうして1~2年で次の物件を購入し、拡大を進めていって最終的には確固たる属性ができる。経済的に自由になった人は新しいことをする余裕ができ、周りを巻き込みながら何かしてくれるので世の中が元気になって、結果的に幸せを感じている人が増える。そのなかで、仕事の絡みが出てきて新しいことに挑戦できるともっと楽しいよねというのが私のやりたかったことで、それが一部ながら実現し始めているのを今とても楽しく感じています。

当社の賃貸管理の姿勢としては、管理手数料がゼロだからというところには甘えたくないと思っています。なので、拡大、拡大でどんどん管理が欲しいということではなく、既存でお任せいただいているお客さまの物件を全力で入居付けします。また、問題が起きていればその是正にも全力で取り組み、それらの物件が安定してきてからはじめて新しい管理の受託に移っています。予約待ちで並んでいただいているのは、そういう理由もあるのです。

普通の管理会社と違い、戸数に応じてストック収入が上がるわけではないという側面もありますが、それより何より気の合うオーナーさまの資産形成、それに関連する管理業務を全力でサポートすること、ここに最も注力したいと思っているのです。会社を維持するための自分たちの食い扶持については約35億の自社保有物件から生み出される賃料収入から賄っているので、お客さまから無理に費用を取る必要がありません。新しく加わる管理物件もあくまで自社物件の管理のついでにやっていますが、裏を返せば自分たちの物件と分け隔てなく、同じ熱量で管理を行っているのです。
なので、管理戸数増加に目標値はありませんし、無理な拡大をしたいとは思っていません。その分、1件1件オーダーメイドで丁寧に管理対応を行うことを心掛け、結果として当社の輪に加わったオーナーさまが喜んでくれればそれでいいと思っています。

最後にご紹介として、2020年より本格的にYouTubeチャンネルを運営しております。「穴澤勇人のMIQTV」で検索してみてください。

MIQは「マネーIQ」の略で、日本の学校教育ではなかなか教わることのできない、金融リテラシーが身につく情報を配信しています。

株式などの金融の話もそうですが、我々の本業である不動産融資の最新の情勢や、管理会社だからこそ分かる現場の声、投資初心者の素朴な疑問への回答など、さまざまなコンテンツを配信しております。

また、これからの展望として不動産を活用した継続的な孤児支援（皆さまから支援を集め当社で物件を購入し、その賃料収入を原資に永続的に支援を続ける試み）など、これからやりたいことなども配信しております。本書をご覧いただきご興味をもたれた方は、ぜひチャンネル登録をお願いできればと思います。

私の会社の基本的な姿勢、そして商いの根幹の精神として、投資家の皆さんとの信頼関係を最重要視しています。

そして、これから先の事業展望としてはホームページでもご紹介しておりますが、不動産業を基に企業としての体力をつくったのちにはライフライン事業への参入、3Dプリンターによる住宅建設、宇宙開発事業など、やりたいことがたくさんあります。

不動産業一本で閉鎖的に商いをするのではなく、どんどん新たな領域へ挑戦をしていくつもりですので、もしご興味がある方はぜひ一緒にお仕事をする機会が設けられたらうれしく思います。

会社として投資家の皆さんにとっての理想のパートナーを目指すとともに、本書をきっかけにさらに人の輪をどんどん広げられたらこれ以上うれしいことはありません。ぜひ、これからもお付き合いをよろしくお願いいたします。

穴澤 勇人（あなざわ　はやと）

1987年11月30日生まれ、神奈川県平塚市出身。宅地建物取引士。

神奈川県立平塚工科高等学校卒業後、田中貴金属工業株式会社に勤務。

会社員のかたわら、自ら株式投資・FX・不動産投資などさまざまな投資に取り組み、個人・法人で20代から資産形成を行う。

その後、武蔵コーポレーション株式会社にて売買責任者を務め、年間200棟・100億円超の収益用不動産（1棟アパート・マンション）の取引に従事。

2018年8月、コスモバンク株式会社を神奈川県横浜市で創業。主に収益用不動産の売買・管理業を営み、第2期（2019年8月1日～2020年7月31日）の売上高は約19億円、第3期売上高は約23億円。急成長企業として注目を集める。

中長期経営目標として上場、将来的には宇宙開発・3Dプリンターによる住宅建築等、さまざまな事業に取り組む予定を掲げている。

YouTubeチャンネル「穴澤勇人のMIQTV」を2020年12月開設、動画配信中。不動産投資に限らず、投資全般の話題について触れ、現代日本の教育システムではなかなか教えてくれない金融リテラシーが身につけられる動画を配信している。

本書についての
ご意見・ご感想はコチラ

融資上限は怖くない！
税制と収益不動産をフル活用した資産形成
アパートを「毎年」「現金」で買えるようになる！

2021年9月30日　第1刷発行
2023年12月26日　第2刷発行

著　者　　穴澤勇人
発行人　　久保田貴幸

発行元　　株式会社 幻冬舎メディアコンサルティング
〒151-0051　東京都渋谷区千駄ヶ谷4-9-7
電話　03-5411-6440（編集）

発売元　　株式会社 幻冬舎
〒151-0051　東京都渋谷区千駄ヶ谷4-9-7
電話　03-5411-6222（営業）

印刷・製本　瞬報社写真印刷株式会社
装　丁　　弓田和則

検印廃止

Printed in Japan
ISBN 978-4-344-93123-7 C0033
幻冬舎メディアコンサルティングＨＰ
https://www.gentosha-mc.com/